“合亩”传统与黎族地方社会治理

杨丽 著

WUHAN UNIVERSITY PRESS
武汉大学出版社

图书在版编目(CIP)数据

"合亩"传统与黎族地方社会治理/杨丽著. —武汉: 武汉大学出版社,2017.4

ISBN 978-7-307-15935-8

Ⅰ.合… Ⅱ.杨… Ⅲ.①黎族—合亩制—研究—中国 ②黎族—社会管理—社会调查—中国 Ⅳ.K288.1

中国版本图书馆 CIP 数据核字(2017)第 067189 号

责任编辑:陈 帆　　责任校对:汪欣怡　　版式设计:马 佳

出版发行: **武汉大学出版社** (430072 武昌 珞珈山)

(电子邮件: cbs22@whu.edu.cn 网址: www.wdp.com.cn)

印刷: 虎彩印艺股份有限公司

开本: 720×1000 1/16　　印张:11.75　　字数:162 千字　　插页:1

版次: 2017 年 4 月第 1 版　　2017 年 4 月第 1 次印刷

ISBN 978-7-307-15935-8　　定价:36.00 元

目　录

绪论

第一节　研究缘起

20世纪30年代，吴文藻、潘光旦、费孝通、许烺光、林耀华等人在社会学、人类学的中国化研究中取得了卓越成就，以费孝通先生的《江村经济》为契机，掀起了中国汉族社会人类学研究的第一次高潮。随后，在汉学家弗里德曼（M. Freedman）的宗族理论刺激下，我国逐步发展起以华南为中心（台湾、香港、广东）的研究高潮，对华南宗族的社会学、人类学研究成为20世纪60年代华南区域社会研究的主流。人类学界前辈们对中国江南、华北、华南等区域的研究已摆脱纯粹的社区描述，开始思考区域社会或小地方社会的独立性，将其与更大范围的国家乃至世界体系相联系，建立起人类学对区域研究的跨学科分析框架。因此，立足中国社会的人类学研究证实了区域研究始终是一种有效的研究路径。

海南是我国陆地面积最小、海洋面积最大的热带海洋岛屿省，其陆地面积仅次于台湾，是我国的第二大岛。黎族是海南岛内的原住民族，至今有上千年的历史。对海南黎族社会的研究可追溯至19世纪末20世纪初，当时先后有一批国内外民族学家在海南黎族地区作过调查研究，国外学者以德国人类学家史图博（H. Stubel）较受关注。海南在日据时期，尽管日本是出于殖民目的，也有以冈田谦、尾高邦雄为代表的日本人类学者走进黎村，留下了黎族研究的宝贵资料。而从区域研究角度来说，相比中国内陆，人类学对海洋文化、岛屿民族的研究仍存在极大的空间，尤其是在外部世界急剧变迁的当代，岛屿族群内部的社会结构是否发生变动，或是仍旧保持自身结构的稳定性，以及如何实现社会再生产等，这些问题的研究无疑具有学理价值与现实意义。

当然，无论立足于中国哪个区域的研究，人类学最终必定以走出具体区域、解释整个中国社会为目标，而人类学民族志作品的价值就在于展示文化普同性与地方性的同时，带给人们对中国历史、中国社会更多的思考。

黎族内部因方言、习俗、地域差异常被分为“俸（哈）”、“杞”、“润”、“赛”和“美孚”五个黎族支系，每一支系都有独特的研究价值，本书以海南岛中部五指山地区的杞黎为研究对象。这主要缘于：其一，从地理区域上看，五指山市（原称通什）自古以来是黎族人口最为密集的聚居地，曾是海南黎族苗族自治州的政治经济中心，也是黎族社会文化生活最为集中的地方。同时由于该市处于海南岛中部山区地带，与外界往来不便，经济开发较晚，直至中华人民共和国成立之初，五指山深处的广大黎族同胞仍延续着黎族社会早期刀耕火种的生活，因此很大程度上保留着本民族文化的原貌。其二，从黎族支系上看，杞黎总人数仅次于俸黎，是第二大黎族支系，其对于海南岛黎族社会文化的形成有着重要影响。更为重要的是，杞黎社会发展进程，较长时间地存在着区别于其他黎族支系的经济生产与社会组织形态——“合亩”制。“合亩”为汉语的意译，黎语读作“纹茂”，意为“大家一起来做工”。它作为黎族社会早期形成的一种共耕组织，又被学术界称为人类原始社会遗留的“活化石”。在很长一段时期内，黎族“合亩”制引起学者们的研究兴趣，国内老一辈民族学家容观瓊、刘耀荃、岑家梧等人在早期的黎族研究中，就对“合亩”制有所关注。20 世纪五六十年代，中南民族学院、国家民族事务委员会（简称国家民委）组织的少数民族社会历史调查广东课题组都对黎族“合亩”制地区进行过大规模调查。基于以上几方面的考虑，同时根据研究重点与展开研究的便利条件，本书最终选取五指山市冲山镇的番茅村作为田野考察对象。

2011 年夏，笔者来到五指山市冲山镇。据 1954 年中南民族学院和1956年国家民委组织的黎族社会调查统计，1947年，海南保留“合亩”制的地区共有26个乡，约占黎族地区总面积的8.7%，而五指山地区就有22个乡保留“合亩”制，冲山镇便是其中之一。在短暂的田野可行性调查过程中，笔者结识了一位冲山镇番茅村的黎族姑娘。她高中文化，与笔者年龄相仿，有着黎族人淳朴开朗的性格，这使得我们之间沟通比较顺畅。而且她当时正主修镇政府举办的全镇村级干部培训课程，一方面临近毕业，有充足的时间同笔者一起下村调研；另一方面，她在培训班上结识了全镇大部分村干部，能够为“合亩”制调研提供便利，而且有她做田野向导，笔者克服了黎族方言障碍问题。因此，在为期半年多的田野工作中，她成为笔者重要的工作伙伴和朋友。

经过前期的田野调查，笔者了解到番茅村有一些有趣的情况。第一，该村的黎族织锦在全镇乃至全市都颇有名气，村中的一位织锦能手被授予“国家级非物质文化遗产传承人”称号。在她的带领下，全村妇女集体织锦，共同致富，番茅村也被誉为“织锦第一村”。第二，尽管没有家谱、族谱的文字记载，但村中一些老人仍能记起村中五六代人的事。据村中老人讲，黄丽蔡（化名）家族最先来到番茅村，当时她的高祖父有兄弟七人，按照同父系血缘关系形成若干个“合亩”，共同开垦土地种植山栏、水稻。随着开垦山地、田地的增多，又陆续吸纳外来户进入“合亩”，认作同族兄弟。全族人不仅结成生产组织，而且在生活上互助合作。无论是同宗、同族，还是结拜的兄弟，都以亲戚相称，至今聚居在一起。这一现象被现任村支书总结为：“我们黎族是自古以来最讲和谐的民族。”

正是这样一个有着近百年合亩历史的黎族村落，引发了笔者的研究兴趣。笔者有着人类学专业知识背景，因此初步判断这个村落是讲述黎民过去与现在“合亩”生活的绝佳田野地点，它所隐藏的故事将为“合亩”制研究、区域社会研究提供新的材料。

第二节 问 题 意 识

进入番茅村后，笔者每天来到村中的“织锦传习所”，观看黎族妇女织锦。她们采用的是黎族古老的腰织机，席地而坐，边织边聊。对笔者来说，这是个熟悉村民并了解村落社会结构的机会。因此在交谈中，重点关注了村落人群的结合、通婚范围、各种仪式的过程以及黎族（杞黎）的风俗习惯等，并最终将田野地点定为番茅行政村所辖的福建自然村。

选福建自然村主要基于：其一，据村中老人回忆，该村是番茅村最早出现的自然村，1950年以前，村中的农业生产和社会生活曾以“合亩”为组织单位。在20世纪的集体化时期，该村是海南全岛实行“合亩”制地区中最先成立农业生产合作社的村落。其二，21世纪初，该村村民自发组织建立的养殖专业合作社和黎族织锦合作社已形成一定规模，且在政府的支持下，正积极筹备黎族乡村旅游项目。因此可以推断，福建村的历史发展进程正好体现出黎族“合亩”传统的变迁与延续，而对这一过程的呈现将引发关于传统少数民族村落如何应对国家化、市场化和全球化冲击的若干讨论，这无疑具有理论与现实的双重意义。同时考虑到福建村所经历的社会变迁与番茅全村每一阶段的发展历程是分不开的，因此本书在撰写时以福建村为田野观察的核心，兼顾整个番茅行政村的历史发展全貌。

从以往“合亩”制研究的文献中，笔者发现：1950年以前，在包括福建村在内的“合亩”制地区，黎族个体家庭以几户或十几户联合的方式从事农业生产，主要基于土地而形成劳动互助关系，实行在“亩头”领导下，共同生产、集体分配的运作方式。而且这一互助合作并不限于生产领域，在黎民婚丧嫁娶、进新房、平日招待客人等社会生活中，人们仍以此为单位。同时，村落内部祭拜同一“祖先鬼”，即属于同一血缘集团，通过与其他血缘集团进行婚姻交换实现村落人口再生产。因此，就“合亩”性质来说，它并非黎族社会早期的一种简单的生产组织单位，它背后隐藏的逻辑对于黎族社会结群和再生产具有重要意义。

与此同时，笔者在田野中看到的情况是，当代的福建村仍是外婚制村落，通婚半径较小，嫁入本村的媳妇绝大多数来自本镇其他村庄。因为在他们看来，村中居住的大多是同一阿公的后代，祖辈时加入“合亩”的外来户也被视为族内兄弟，其后代至今不能通婚。现今村中红白仪式的操办受汉族影响较深，开始有简化的趋势。但与过去相似的是，同一家族或村落成员都会参与其中，互助合作关系仍在延续。在曾经结成“合亩”的农业生产领域，随着村中人口的增加、农业机械化运作以及家庭联产承包经营体制的推行，每个黎族家户的耕地数量大大减少，因此黎族个体家庭足以应对如水稻种植、收割等农业生产，“合亩”制似乎已无存在的必要。但在作为黎民重要生计来源的副业生产上，黎民依然选择以结群方式组成各种合作社，积极融入市场化浪潮，这也使我们感受到黎族“合亩”传统在当代的延续。

至此，引发笔者思考的是，曾经以“合亩”制组织农业生产与社会生活的传统黎村发展至今，经历了国家推行合作化、家庭联产承包责任制等历史阶段，经济生产领域发生了深刻变革，家族共耕的经济生产方式已逐渐被个体经济取代；然而在社会生活领域，当地村落社会的人群联结方式仍未改变，传统意义上的“合亩”关系依然在村落社会体系中发生作用。那么，“合亩”制到底是一种怎样的文化类型？何种构成要素使其历经各种历史变量而能贯穿黎族社会始终？

回到人类学的学科发展史，我们看到以波兰尼（Karl Polanyi）为代表的被称为经济人类学的“实在主义”学派早有这方面的讨论。波兰尼的学生乔治·多尔顿曾对社会中的“经济”给出如下解释：“只是因为长期共同生活在一起的人群和组织中间具有一种结构化的生活方式（mode），社会才有了‘经济’。为了每一个人的自然生存，需要连续不断地进行财物和服务周而复始的（并因此形成了一定的结构）供给（structured provisioning）。这乃是美国、苏联、特罗布里恩德群岛都各有其‘经济’的一个首要原因。”①因此，在波兰尼学派看来，前资本主义社会的经济行为是嵌入整个社会制度之中的，物品的生产和分配并不是按资本主义社会“物品稀缺性”的逻辑来解释，而是更多地根据亲属关系、政治和宗教等方面的责任来调配。同时，波兰尼还提出三种类型的“社会整合模式”，即互惠、再分配和市场，用以分析社会制度如何在共同体内部起到协调和整合人们社会交往方式、稳固社会结构的作用。依照这一模式，如果能够确定互惠与再分配两种行为，就能够明确区分共同体内部与外部的社会临界线，把握共同体的实质。在此意义上，经济人类学为我们理解共同体提供了崭新的视域。

由此，笔者想到，作为黎族社会早期组织农业生产、分配的“合亩”制是否也具有这一特征？黎民的这种经济行为能否用资本主义市场逻辑解释得通？似乎我们在黎族“合亩”社会看到的，人们依靠土地以亲属、朋友关系紧密结合的生产组织本身也是一套社会制度，并表现为以一种互助互利的交换关系协调和整合黎民的行为及稳定社会结构，同时我们也可以通过“合亩”去了解黎族内部社会的构成与运作。

源于田野观察和学术史的问题意识，使笔者基本确立了研究方向，即从“合亩”制本身入手，揭示这套意义系统面对历史变迁如何实现黎族地方社会的整合与秩序的稳定。这不仅可以认识黎族

① ［日］栗本慎一郎著，王名等译：《经济人类学》，商务印书馆1997年版，第8页。

“合亩”制的本质属性，还可以了解黎族社会的内部构成及变迁历程。

第三节 文献回顾

本书将回顾现有的黎族研究及黎族“合亩制”研究，同时对学界有关中国社会整合与运作方式的研究文献作简单梳理，在此基础上提出研究设想。

一、海南黎族研究

1950年前，由于海南地处边陲、交通不便，对黎族的研究不为人所知，也未受到关注。学界普遍认为黎族最早的研究者是黄强。他在五指山黎村作了十余日的实地考察，于1928年在香港地区出版《五指山问黎记》一书，目的是“因思旧籍所载，时俗所传，诋为犷悍荒怪，不可以教法绳治者，良属虚诬”，听以“将途程所记稍加整理，以贻相知”。① 这是20世纪以来对黎族地域的第一次调查。随后，在民族学家进入黎区实地考察的带动下，我国出现了大批有关黎族历史、黎族文化、黎族社会变迁等方面的研究，充分展示出了黎族文化的独特性。这类文献大致可分为三大类：由田野考察形成的黎族社会研究报告；专注于黎族历史研究；分若干专题对黎族文化的研究。

（一）黎族社会调查

民国时期，活跃于民族研究领域的杨成志、罗香林、刘咸、王兴

---

① 王建民：《中国民族学史》上卷，云南民族出版社1997年版，第113页。

瑞、伍锐麟、何元炯等国内老一辈民族学家先后在黎区作过调查，成为海南黎族研究的生力军。德国人类学家史图博（H. Stubel）的研究也有一定影响力，他当时受聘为中央研究院社会科学研究所民族学组特约研究员，于1931年至1932年两次到海南黎族村落进行田野调查，并于1937年在德国柏林出版了德文著作《海南岛民族志》，这是当时较为全面展现黎族文化面貌和体质特征的学术著作。此后，1939年日本攻破海南岛，在长达6年半的占据海南时期内，日本动用了来自日本和台湾地区多家高等学府、研究机构的力量，对黎族人民身体结构、心理特征、社会生活以及经济情况等方面进行了颇为详细的研究（尾邦高雄，1942；冈田谦，1944）。

中华人民共和国成立初期，从研究者个人、研究机构组成的调查组，到国家民委组织的大规模少数民族社会历史情况调查，都是用田野实地考察方法对黎族进行研究，积累了大量研究成果，并于20世纪五六十年代出现了黎族研究的高潮（中南民族学院，1954；广东少数民族社会历史调查，1956）。近年来，以田野考察形式进入黎族村落进行文学、人类学、民族学研究的著作也涌现出来（李露露，2003；曾昭璇、张永剑，2004；张跃、周大鸣，2004）。

（二）黎族历史研究

在对黎族历史的整体探讨中，研究者大多追溯黎族先祖的遗物遗迹，考证黎族的名称、族源及中央王朝与黎区的关系等方面（《黎族简史》编写组，1982；刘耀荃，1982；吴永章，1992；符和积，1993）。

当时对海南族源的争论存在三种主要观点：古代越族说、南洋古代民族说以及以海南岛土著居民为主体兼容古代骆越人、南越人、壮人、汉人等逐步演变而来的观点。以罗香林为代表的学者认为：黎族与古代越族为同一系属，虽非同属但有混血关系。其推测依据为：其一，海南黎族有与古代越族相同的纹身习俗，黎族有象征龙蛇一类水族的痕迹，其上世源流可能与古代越族的纹身像龙有关。其二，依据明代《琼州府志·舆地》记载："黎语则虚上而实下。如鸡肉则曰肉鸡，县前则曰前县。"由此认为黎语的语言句法组织与古代越族有种属同源的关系。其三，周去非《岭外问答》卷7《铜》记载："史称骆越多铜银。《交州记》曰：越人铸铜为舶。《广州记》曰：俚僚铜鼓。"《琼州府志》记载："黎金，形似金鼓而扁小，上有三耳，黎人击之以为号。"这类铜鼓与古代越人精于铸造铜鼓，花纹自成系统，视铜鼓为宗教用品是一致的，这也证明了黎族与古代越族为同一族属。其四，他提出，史可特（J. George Scott）《上缅甸与掸国报告》卷1称："居于海南之黎人，谓其为纯泰族，虽乏直接证据，然由外形观之，为极度可能。"这里所说的泰族实为古代越族遗裔，黎族的外形与其相似，由此推断黎族与古代越族有同源关系（罗香林，1939）。

刘咸则从对黎族体质的观察和测量提出"南洋说"。他认为，黎族体质的构造至少有两种不同形体：第一种是躯体轻秀，面貌狭长，鼻梁高挺，如美孚黎与杞黎；第二种是躯体厚重，面貌粗阔，鼻梁平宽，如本地黎和侾黎。由此推断黎族的来源并非一源，而是多源，至少与泰族、马来族有同源关系。同时，刘咸又从文化系统上追溯黎族的族源，认为黎族在纹身、语言、婚俗、妇女装饰、吹筒箭、口琴以及织绣方面属于太平洋四个文化区中的印度尼西亚区。总之，他认为，从种族名称、体质、文化因素方面推断，黎族的起源与大陆的泰族有密切的关系，又与南洋群岛的诸多民族有关系（刘咸，1940）。

孙秋云对黎族来源持"混合说"观点。他认为，判断民族的族源不能光看文化特征，依照人类学的观点，文化是可以相互传播、相互整合的，因此体质特征比文化特征更有说服力。他依据现有考古材料推断，海南黎族体质特征中的南亚人性状大多是最早的岛内土著居民遗传下来并经过自然环境长期作用的结果，与南洋古代民族没有直接关系。由此提出，海南黎族是以岛上远古土著居民为主体，兼容古代骆越人、南越人、壮人和汉人等民族成员的身份逐渐发展演变而来（孙秋云，1991）。

另有学者，如江应梁、王兴瑞从历史研究的角度关注中央王朝的历代治黎政策。据《汉书·武帝本纪》记载，自西汉时期黎汉开始接触，此后，汉族势力节节向岛中侵入，治黎成为各朝代经营海南岛的重心。江应梁通过史料考证，将历代治黎政策分为两个阶段：西汉至清季末叶，统治者采取以正交讨伐为主的政策；清季末年以后，治黎政策变动为以招抚同化为主。宋、元、明三代对黎民招抚后的处置办法不外乎以下四种：赐酋长官职使总率诸黎，并转招其他未服诸黎；开其他地为州县，或设屯田；使编户服租役；赐以钞币衣物准其朝贡。现代之后便有冯子材征黎和陈汉光抚黎政策（江应梁，1937；王兴瑞，1945）。

也有学者从特定历史时段、主题细化对黎族进行历史研究，如以黎族人民翻身解放的斗争史（程昭星、邢诒孔，1999）、黎族人民领袖的传记史（中元秀，1981）或以黎族音乐、建筑、歌谣等为主题（卓其德，1993；王月圣，1994；王文华，2001）。此外，在黎族史学研究中，有一些文献是以地方志的形式展开的，如《海南岛志》、《海南岛新志》、《琼崖》以及《侗、水、毛南、仫佬、黎族文化志》。这些志书的特点是，在调查表册的基础上编制而成，涉及黎族社会的自然环境、资源、行政、社会组织、文化等诸多方面，极具参考价值。

（三）黎族文化研究

这类研究涵盖了黎族风俗、黎族“合亩”制、黎族织锦工艺以及黎族民间宗教信仰等方面。其中，引起学者广泛研究兴趣的主题有“黎族纹身”。文献中除了对黎族各支系的纹身图案作描述外，还对纹身的起因进行推测。刘咸在考察黎族纹身的意义时认为可以将其分为五种：社会组织的意义，为各峒族标志；婚姻的意义，将嫁之前，必须行之；图腾的意味，各族属之图示不同，亦不得互相假借，守祖宗之法，毋得变更；纹身记识，可避乖邪，为护身符录；为装饰之动机，有美的观念存其中（刘咸，1936）。另有学者认为，黎族纹身习俗缘于黎族对祖先的崇拜。如明代顾玠提出：其一，不纹身“则上世祖宗不认其为子孙也”①。其二，有防止被掳掠的功能。“海南黎女以绣面为饰。盖黎女多美，昔尝为外人所窃；黎女有节者，涅面以砺俗，至今慕而效之。”② 这种解释至今流传在黎族民间社会，很多黎民认为妇女纹身是为躲避中华人民共和国成立前的战乱。其三，为表示对爱情的专一。“凡黎女将欲字人，各谅己妍媸而择配，心各悦服，男始为女纹面……其花样皆男家所与……使之不得再嫁。”③ 其四，纹身是一种自我修饰。“五指山中女及笄，百花绣面胜胭脂。”④ 黎族女子的缓落夫家婚俗也受到学界的关注，如符和积认为这一风俗体现出因黎族生产力低下和家庭私有制基础薄弱而表现出来的黎族社会原始母权制残余（符和积，1988）。

与此同时，黎族居住的船形屋和金字形房屋同样极具民族特色。刘耀荃用大量图片展示了黎族的传统住宅建筑（刘耀荃，1982）。对黎族织锦技艺，如黎锦图案代表的文化意义的研究（洪寿祥、蔡於良，2003），对黎族服饰文化内涵的研究（黄学魁，2000；王洪波，2009）以及对黎族民间宗教的研究也成为学者关注的方面（吕大吉、何耀华，1998）。

此外，李利对黎族情感的研究和贺喜对海南地域社会的研究对笔者的启发较大。在情感研究中，李利认为黎语“Lao”（吃）和“Das”（恐惧）表达出海南毛感地区黎民的人生价值、奋斗精神和适应高山生态环境的情感。李利以扎实的田野民族志展现出“情感”本身既不完全是自由发生的生物现象，也不完全是对社会结构被动反应的结果，而是一个交互的、社会实践的过程。高山黎民情感的形成和转换总是在婚丧嫁娶等具体情境中操演，从而体现出情感是一种实践逻辑，而非先验

① 顾玠：《海槎余录》，齐鲁书社 2009 年版。
② 周去非：《岭外代答》卷 10，上海远东出版社 1996 年版。
③ 屈大均：《广东新语》卷 7，中华书局 1985 年版。
④ 尤侗：《西堂全集》卷 16，北京出版社 2009 年版。

的身体或文化逻辑（李利，2011）。

贺喜的研究主要探讨海南地方社会与王朝国家的关系问题。贺喜以海南儋州的历史为主线，展示了海南在被整合进国家的过程中，制度与文化怎样在具体的时空中推行。在他看来，边缘地区明朝的编户齐民过程很大程度上是由“外化”转变为“内地”的表现，即个人身份由“黎”变为“民”，而这个过程正是边缘社会与王朝制度整合的一部分。因此仅用“自上而下”的眼观不足以解释里甲制度在地方社会的落实与推行，它同时也是地方民众根据自身的传统、利益以及情感选择的结果（贺喜，2006）。贺喜在另一篇文章中，通过对粤西南地区乡民祖先拜祭与神明信仰方式的田野研究，追溯祖先与神明叠加在一起的亦神亦祖的祭祀现象，从而考察神明崇拜的演变以及在士大夫文化推行过程中不同群体如何应对、明中叶的身份标签与认同如何演变等问题，这使我们看到，在祭祀传统变迁过程中反映出的王朝与地方社会的关系（贺喜，2011）。

二、黎族“合亩”制研究

从1947年开始，学界对黎族“合亩”制展开诸多方面的研究。这些研究大多伴随着黎族社会发展的各个阶段，与社会主义改造、社会主义建设以及改革开放后黎族社会生活发生的变化紧密联系，具有一定的历史分期特征。在笔者看来，对黎族“合亩”制研究的回顾可分为以下三个历史阶段：

（一）第一阶段：1947年—20世纪70年代

“合亩”一词黎语原称“纹茂”。1950年前，一般称作“翁堂沃工”或“翁堂打”，直译为“大家一起做工”。1947年琼崖纵队进入“合亩”制地区，建立民主政权，当地汉族干部按照海南汉语语音将其译成“合亩”。1950年，第四野战军随军记者尤淇曾在《琼崖黎民山区访问记》一文中提到乐东县番阳区的“合亩”制。① 1952 年 7 月，民族考古学家梁钊韬教授于乐东、保亭、琼中一带广泛了解这种社会组织，当时工作于保亭县人民政府的卓秘书，向梁教授提及“合亩”这个译名，梁教授认为符合“民族学”的要求并大加肯定，此后人们习惯称这一带为“合亩”区。②

“合亩”制研究在 20 世纪五六十年代成为黎族研究的热点，中央访问团、中南民族学院调查组、广东少数民族社会历史情况调查组等民族研究学术团体以及民族学者纷纷进入黎族“合亩”制地区进行实地调查，撰写了一批调查报告及学术论文。

学者们一般认为，“合亩”制的产生是由于 1950 年前“合亩”地区生产水平低下，无法以户为单位独立生产，不得不组织起来共同耕作，并将“合亩”制的基本特征归纳为：以血缘关系为基础；生产资料无论公有、私有，一律由“合亩”统一经营，不计报酬；以“亩头”为家长，领导全亩生产；生产中有严格的性别分工，共同劳动、同出同归，体现出简单劳动协作；对劳动产品的分配原则是按户平均分配，以户为消费单位，人口多的家户粮食不够时可向亩内其他户或亩头借用；在不妨碍集体劳动的情况下，容许以户为单位的个体劳动，产品归私人所有。

但在“合亩”制性质问题上，学者们意见不一，具有代表性的观点有：

认为黎族的“合亩”制度是：（1）农业公社残余的一种类型；③（2）原始公社制度氏族公社的残留制度；④（3）在原始家长制的基础

---

① 尤淇：《琼崖黎民山区访问记》，《新观察》1950 年第 3 期，第 9 页。

② 张寿祺：《解放前黎族合亩区农耕组织及习俗》，《中国农史》1985 年第 4 期，第 48 页。

③ 徐仑：《什么是原始社会》，上海人民出版社 1953 年版，第 40~41 页。

④ 梁钊韬：《海南岛黎族社会史初步研究》，《中山大学学报》（社会科学版）1955 年第 1 期，第 101~102 页。

上建立起来的家族共耕组织;①（4）父系家长制或父系大家族的家庭公社;②（5）原始的父系家长制的家庭（家族）共耕社;③（6）家族公社瓦解后向封建社会过渡的历史阶段;④（7）一种以父系为本位的氏族制的社会组织;⑤（8）黎族家族公社向个体经济过渡的一种社会经济组织，其生产关系的基础是生产资料私有制，并伴有浓厚的公有因素。⑥

除研究论文外，民族研究学术团体纷纷涉足对黎族“合亩制”地区的实地考察。1954—1955 年，由中南民族事务委员会组织的“中南海南工作组”，首先从原始成分特征较多的黎族“合亩”制地区开始，随后按经济形态和方言、土语类别推及到海南个体小农经济地区、苗族地区，对总计 27 个重点调查区域进行了调查。重点研究了海南黎族、苗族的社会发展情况、社会性质和黎族内部支系情况，并出版了《海南黎族情况调查·第一分册：“合亩”制地区》。⑦ 此次调查深入黎族村落，涵盖了黎族人口情况、历史来源、经济结构、社会组织、物质以及精神文化等社会各个侧面的材料。这是一次对黎族社会系统而全面的描述，获得了研究黎族“合亩”制珍贵的第一手资料。

随后，中央民族事务委员会组织成立了广东少数民族社会历史调查

---

① 张鸿林、廖仪珍：《“合亩制”对农业合作化是有利条件吗?》，《光明日报》，1956 年 10 月 26 日，第 30 版。

② 蔡仲淑、陶明、胡盛域：《合亩制地区社会主义改造的特点》，《光明日报》，1956 年 12 月 28 日，第 39 版。岑家梧：《海南岛黎族合亩制的调查研究》，《光明日报》，1957 年 4 月 12 日、19 日，第 53、54 版。

③ 张迅：《关于黎族“合亩制”的基本特征及其性质问题》，《理论与实践》1958 年第 Z1 期，第 75 页。

④ 詹慈、林晓：《论黎族合亩制的社会性质》，《理论与实践》1958 年第 12 期，第 40 页。

⑤ 吕振羽：《史前期中国社会研究》，三联书店 1962 年版。

⑥ 王穗琼：《黎族合亩制生产资料所有制性质的研究》，《学术研究》1964 年第 2 期，第 82 页。

⑦ 中南民族学院编印：《海南黎族情况调查·第一分册：“合亩”制地区》（内部参考），1955 年。

组，于1956年10月至1957年5月，在保亭县毛道乡、琼中县毛贵乡、乐东县番阳乡进行了半年多的调查，先后编写了《保亭县毛道乡黎族合亩制调查》、《番阳乡、毛贵乡黎族合亩制调查》两份资料。1958年整风运动和反右运动以后，又重点调查了保亭县通什乡，同时在毛道、毛贵两乡作了补充调查，并在保亭县的福建、福安、福利、番廷、红沟、毛岸，乐东县的毛农、加艾，琼中县的毛栈、毛阳、南解等乡作了一般了解。这一阶段的调查报告包括黎族的生产方式、社会组织和政治制度、物质文化、精神文化四大部分。生产方式中的生产关系部分对"合亩"制进行了详细的论述，包括"合亩"的类型、生产资料的占有和使用情况、阶级结构、分配方式和剥削关系、生产和生活上的互助合作以及"分亩"、"退亩"等内容。并通过逐个"合亩"的调查，以数据统计资料展示出了各个"合亩"的详细情况，整理出了1945—1948年的各类"合亩"以及黎族各户的生产资料统计表。

这一时期的研究是在黎族地区进行社会主义改造的历史背景下进行的，可以说是1950年以来首次对海南岛腹心地带黎族同胞生活状况的全面考察。从最初关注这一不同于岛内其他黎族支系的经济形态，到分析"合亩"制的产生、性质、特征以及"合亩"制地区的社会构成，学界开启了对岛屿高地民族的研究。早期"合亩"制研究的特点在于，通过田野考察全面掌握该地区的社会结构，对"合亩"制这一组织形态本身的分析也是基于全面的实地调查。更重要的是用"整体观"视角，即将黎族地区的政治、经济、文化、生活等各层面联系起来进行整体思考，使我们看到"合亩"制的发生与发展并非历史偶然，它是与黎族社会结构的各个层面相互配合而发生作用，"合亩"制对于黎族社会结群、地方社会结构的整合与运作都具有重要意义。

（二）第二阶段：20世纪70—90年代

1984年首届"合亩"制学术研讨会在黎族苗族自治州首府通什召开，这是因"文革"影响导致"合亩"制研究沉寂之后的又一次研究热潮。

杨鹤书认为，1950年前，“合亩”制已从家庭公社的共耕制度发展到几户小家庭的合作耕种制，因此，“合亩”制实际是伙有耕种制。在他看来，“合亩”制处于家庭公社瓦解、土地个人私有制完全确立之前的中间过渡阶段。生产发展使劳动生产单位逐步缩小，才导致由“共耕”发展到“合种”。① 李根蟠、卢勋认为，“合亩”地区虽然已产生私有制因素和阶级分化现象，但除个别外，大多数“合亩”仍然保持家族公社的基本特征，作为对立的阶级尚未形成。“合亩”制的发展趋势必将是分解为个体小家庭，进入阶级社会。② 詹慈根据学界积累的黎族“合亩”制调查材料，从“合亩”组织的角度探讨黎族家长制家族公社的类型及其演变，并与相关少数民族作比较分析。③ 许良国在研究中将黎族的“合亩”制与恩格斯在《家庭、私有制和国家的起源》中提到的南方斯拉夫的“扎德鲁加”作对比，认为二者都是父系家庭公社的残余形态，但同时残留着母权制的遗迹。1950年前黎族“合亩”制正处于向封建制直接过渡的进程之中，但尚未完成向封建制的过渡。④ 陈克进同样认为“合亩”制与“扎德鲁加”基本相似，可以看作父系家族公社的“活化石”，而不同之处在于前者具有鲜明的地方、民族特色。他作了生动的比喻，将个体家庭与“合亩”共同体在生产、生活上的关系比作蜜蜂与蜂巢的关系。在他看来，尽管存在个体家庭游离出“合亩”共同体的趋势，但因动力不足，始终不能割断二者的密切联系。因此，“合亩”仍保持着组织生产、协调生活等社会经济职

① 杨鹤书：《论海南岛黎族合亩制的起源、发展及其性质》，《中山大学学报》1983年第3期，第50页。

② 李根蟠、卢勋：《黎族合亩制性质探讨》，詹慈：《黎族合亩制论文集》，广东省民族研究所，1983年，第33页。

③ 詹慈：《从合亩组织试析黎族家长制家族公社》，《黎族合亩制论文集》，广东省民族研究所，1983年，第211页。

④ 许良国：《黎族“合亩制”与父系家庭公社》，《中央民族大学学报》（哲学社会科学版）1985年第3期，第37页。

能，而并非是一个虚壳 。① 易谋远认为，“合亩”地区农业生产力的原始性质和水平低下决定了1950年前“合亩”制能够保留下来，并将“合亩”制地区的社会性质划分为两个阶段，即明代以前，官府尚未直接统治的五指山腹心地区的黎族社会是原始社会；清代以后，官府直接统治之下的“合亩”地区处在阶级社会历史阶段的封建王朝、半封建半殖民地的国家政权。由此推断，1950年前，“合亩”地区正处在原始父系家长制家族公社向封建社会直接过渡的历史阶段。② 中南民族学院民族研究所在20世纪50年代对“合亩”地区进行实地调查的基础上，通过对生产方式和上层建筑两个方面进行分析，提出1950年前后黎族“合亩”制地区已从家庭公社演变为个体小家庭。③ 另有学者将“合亩”制衰落的原因归结为：工艺技术的冲击；对外贸易的影响；生产资料的典当、买卖与出租的影响；贫富分化的影响；婚姻制度的影响；意识形态和价值观念的影响；政治因素的影响。他们认为，正是这些因素彼此息息相关，互相作用，才促成“合亩”制度的瓦解。④

由上可见，这一时期的研究主要结合人类历史的发展规律，围绕“合亩”制的性质，探讨古代黎族社会是处于父系民族家族公社向封建经济社会的过渡阶段，还是已经进入阶级社会；并分析“合亩”制的社会基础、生产方式以及发展、消亡的过程。

这一时期另一研究特点在于以辩证唯物主义和历史唯物主义为分析方法，在总结“合亩”制地区社会主义改造经验的基础上，关注其现代化建设进程中面临的新问题。如孔季丰认为，对“合亩”制的研究

---

① 陈克进：《黎族合亩制性质试析——兼谈私有制的产生和发展》，《思想战线》1985年第3期，第28页。

② 易谋远：《试论解放前黎族合亩制的社会性质》，《民族学研究》1985年第1期，第60页。

③ 中南民族学院民族研究所：《试论解放前黎族合亩制地区的社会形态》，《民族学研究》1985年第1期，第84页。

④ 梁天送、谢剑：《论海南岛黎族合亩制度的衰落》，《云南社会科学》1988年第2期，第75页。

首先要用马克思主义原理的分析法与综合法划分“合亩”制的组成形式：全部由血缘亲属组成；由父子或同胞兄弟组成；大部分由血缘关系亲属组成并吸收部分非血缘关系的外来户“龙仔”组成，少部分由血缘亲属组成；由原来有血缘关系的亲属和被迫投靠的“龙仔”等外来户组成。然后运用综合法逐一考察其经济特征。而在应用马克思的矛盾分析法时，应以“合亩”制生产关系和生产力的矛盾为主线展开。① 王保前回顾了党领导“合亩”制地区广大群众实现的三项社会变革：开展“清匪反霸，退租退押”运动，与全国同步进入社会主义社会；对小农经济进行社会主义改造，引导农民走上了集体化的道路；实行社会主义集体经济的生产责任制，开始了农业社会主义建设的新阶段。王保前对“合亩”制地区的发展提出了两点思考：集体承包要坚持按劳分配的原则；以发展热带经济作物为“合亩”制地区发展商品经济的主攻方向。②

此外，学者们纷纷展开了对黎族“合亩”制地区的文化研究。余仲辉具体分析了“合亩”制地区的“龙公”、“龙仔”现象，认为“龙公”、“龙仔”是黎族社会内部出现了私有财产和贫富分化现象后形成的人与人之间的不平等关系。③ 詹慈关注到黎族“合亩”地区的原始宗教。他通过实地考察认为，山鬼、地鬼、灶鬼、雷公鬼以及对牛、谷物的崇拜构成了黎族的自然崇拜。在“合亩”地区表现尤为突出的是黎族在丧葬祭祀活动中的鬼魂观念，并在此基础上形成了祖先崇拜。他认为黎族的祖先崇拜源于母系氏族公社，其残迹在“合亩”地区显著保存下来。④ 陈振魁提出，在党的十一届三中全会之后，“合亩”制地

① 孔季丰：《运用唯物辩证法剖析黎族合亩制若干问题》，《广东民族学院学报》（社会科学版）1987 年第 1 期，第 5 页。

② 王保前：《海南黎族合亩制地区三项社会改革浅论》，《中南民族学院学院》1986 年第 3 期，第 112 页。

③ 余仲辉：《海南黎族苗族自治州黎族地区的龙公龙仔与合亩制》，詹慈：《黎族合亩制论文集》，广东省民族研究所，1983 年，第 30 页。

④ 詹慈：《黎族原始宗教浅析》，《岭南文史》1983 年第 1 期，第 112 页。

区的粮食生产有了较大增长，但由于科学技术落后，许多农民受“合亩”共耕习惯的束缚和影响，不懂得发展商品经济，地区发展仍显落后，由此提出，要加快“合亩”制地区初等教育的普及，并提出相应措施。① 杨鹤书考察后认为，一方面，黎族“合亩”制地区保存了母权氏族公社时期的群婚残余，但必须用历史唯物主义观点去作具体的分析和研究，对这些残余形态进行调查研究对增强人民对原始社会历史的了解、丰富历史唯物主义理论宝库非常有益。另一方面，应该对这些遗俗给予历史唯物主义的解释，引导群众自觉改革它。② 刘达成将黎族的“合亩”制与云南德昂族、独龙族、基诺族作比较，认为这些少数民族都可溯源于母权制，都表现出从母权制共产制家庭向个体家庭过渡的家庭公社形式以及从氏族公社向农村公社发展过渡的家庭社会形式。③ 李根蟠、卢勋同样将黎族“合亩”制与云南德昂族的“厚木当”、独龙族的“其拉”和“宗”、基诺族的“大房子”和苦聪人的“卡”作比较，讨论家族公社问题。他们认为，家族公社发展到一定阶段，可以成为建立私有制和向阶级社会过渡的起点，而不一定经过农村公社阶段。④ 黄新美于1984年6—7月在海南黎族“合亩”制地区——乐东县番阳区对当地黎族人民（杞黎）进行体质观察及测量，随后又在通什、琼中、保亭县观察杞黎的身体特征。她研究发现，“合亩”区杞黎同胞的体质在不断增强，如果把每隔十年作为一代人的话，那么在20~60岁的年龄段中，每一代人的体质都比上一代人好。原因归结为：1950年后消灭了传染病；食物结构出现了显著变化，膳食营养不断改进；“合亩”

---

① 陈振魁：《对黎族合亩制地区普及初等教育的一些设想》，《中南民族大学学报》（社会科学版）1985年第4期，第117页。

② 杨鹤书：《黎族某些地区原始婚姻遗俗之我见》，《广西民族研究》1985年第2期，第74页。

③ 刘达成：《关于我国一些少数民族父系家族公社的比较研究》，《思想战线》1985年第2期，第68页。

④ 李根蟠、卢勋：《合亩制与家族公社的若干问题》，《民族学研究第十辑——中国民族学第四届学术讨论会论文集》，1989年，第165页。

区的居住条件、环境卫生、文化生活不断改善。① 张寿祺从20世纪50年代就参与了黎族“合亩”制调查研究工作，不仅较早关注到“合亩”区的农耕组织与农耕习俗，② 在后面的研究中又考证了黎族“合亩”区“砍倒烧光”的游耕农业中，男人打洞、女人点播的两性分工来源。他提出，在农业出现之前，人类凭借男人狩猎、女人采集来维持生计，而在游耕农业中，男人拿着长的尖棒打洞是过去男人在狩猎中手持长矛标刺野兽、捕鱼时用渔叉标插鱼类的劳动习惯和技术的转化；而女人的下种子、拨泥土掩盖种子是过去妇女辨认植物、采摘果子这类劳动习惯和技术的转化。这种两性分工是从狩猎和采集男女不同的工种、不同的技术演变而成的。③

学界对“合亩”制的探讨在20世纪八九十年代更为深入，研究视角也更为开阔。在改革开放的背景下，“合亩”制地区的现代化建设同样进入到了新的历史阶段，因此从聚焦“合亩”制性质与“合亩”制地区所处历史阶段的学术争论转向关注“合亩”制地区的社会发展，从带有意识形态色彩的马克思主义历史阶段论、矛盾分析法拓展到关注“合亩”制地区的民族文化与社会习俗。

（三）第三阶段：20世纪90年代至今

20世纪90年代至今，黎族“合亩”制研究主要以社会变迁为背景，研究者从系统化、整体化的角度对“合亩”制进行梳理，并通过对历史上“合亩”制地区的重访，展现黎族人民生活的巨大变迁。

陈立浩主编的《黎族“合亩制”研究》是第一次对“合亩”制地

---

① 黄新美：《黎族合亩地区黎族近四十年来体质变化的探讨》，《中山大学学报》1988年第2期，第80页。

② 张寿祺：《解放前黎族合亩区农耕组织及其礼俗》，《中国农史》1985年第4期，第48页。

③ 张寿祺：《游耕农业“点种”男女分工起源考》，《农业考古》1989年第2期，第335页。

区的社会、文化等诸多方面作细致的梳理。书中完整阐述了“合亩”制的产生、发展、演变以及解体的过程，以生产力为基本尺度，运用历史文化分析方法和比较法，得出这一进程“处在由解体的父系家长制家族各公社，跨越农村公社，直接向封建社会过渡的历史阶段”。并着墨于“合亩”制地区的“经济结构”、“社会结构”、“基本特征”，兼顾该地区独特的民俗民风以及“合亩”制地区 1950 年以来所经历的社会主义改造运动。① 此后，其姐妹之作《历史的跨越——黎族原“合亩制”地区的变革》一书出版。本书在概述“合亩”产生和发展的历史过程之后，作者总结了从“合亩”到“合作社”以及改革开放后黎族“合亩”制地区经济发展的深刻变革。② 21 世纪以后，曾昭璇、张永剑等人编著的《海南黎族人类学考察》，从人类学的学科视角分别对杞、润、倖、美孚、赛黎族支系的历史、住宅、民俗等多方面进行了全面的描述，其中在杞黎部分记录了“合亩”制的组织结构、分配方法以及原始社会生产方式。③ 2003 年，在云南大学组织的全国少数民族村寨调查中，课题组选取海南五指山市福关村作为黎族研究的调查点，以人类学、民族学、社会学等多学科交叉分析视野，呈现出 21 世纪黎族政治、经济、社会文化的全貌。全书涵盖对福关村历史、环境、人口、经济、婚姻家庭等 13 个方面的调查，全面而深入地对历史上的“合亩”制村落进行描述，这是继 20 世纪 50 年代“中南海南工作组”对该村调查之后对黎族“合亩”制地区研究的又一宝贵资料。④

除以上研究著作，学者们纷纷以论文形式延续对“合亩”制的研究。邢多兴等人从“合亩”制地区的黎族告别传统船形屋住进新瓦房

① 陈立浩：《黎族“合亩制”研究》，南海出版公司 1994 年版。

② 陈立浩：《历史的跨越——黎族合亩制地区的变革》，南海出版公司 1999 年版。

③ 曾昭璇、张永剑、曾宪珊：《海南黎族人类学考察》，华南师范大学，2004 年。

④ 张跃、周大鸣：《黎族（海南五指山福关村调查）——中国民族村寨调查丛书》，云南大学出版社 2004 年版。

的民房改造一事，论述“合亩”区经历的历史变迁。① 琼州大学课题组通过对黎族原“合亩”制地区的调查，展现出黎族人民改变原有山区经济生产结构，积极参与商品经济，生活面貌焕然一新。并认为只有坚持学习和运用邓小平理论，不断变革传统思维方式，才能推动民族地区经济社会的快速发展。② 黎雄峰通过寻访黎族原“合亩”制地区的最后一位亩头王其川，以其亲身经历和现在的生活状况实证当地社会的变迁。③ 高和曦回顾了“合亩”制地区从20世纪50年代至今的社会变迁，呈现了“合亩”制地区文化的变迁过程，提出在世界国际一体化、少数民族文化剧烈变迁的背景下，“合亩”制地区传统黎族文化的未来发展方向。④

黎族研究延续至今，成果日益丰硕，但“合亩”制是不能避开的主题。以上的研究成果无论是凸显黎族“合亩”制地区在当代的经济发展状况，还是将“合亩”研究作为黎族文化研究的重要组成部分，都是以历史的眼光去看待“合亩”制。这种曾经存在于黎族早期社会中的经济生产组织形态固然已经被现代个体经济取代，但它在黎民当代生活中是否已经消失殆尽，是否还在黎族村寨公共生活中发生作用，并没有作详细考察。在商品经济、全球化浪潮席卷而来的当下，面对不可回避的冲击，传统与现代交织的黎族村落又是如何应对的？在本书看来，当代的黎族“合亩”制研究不仅要关注经济生产领域发生的变革，更要关注黎族村落的文化传统与社会生活领域发生的变迁。

---

① 邢多兴、林保昌、陈立浩：《深刻的变革——黎族原“合亩制”地区的民房变迁》，《琼州学院学报》1998年第2期，第69页。

② 琼州大学课题组：《坚持运用邓小平理论不断变革传统的思维方式——黎族原“合亩制”地区的调查》，《琼州大学学报》2000年第3期，第1页。

③ 黎雄峰：《在现实中追忆——寻访海南黎族原“合亩制”地区最后一位亩头王其川》，《琼州大学学报》2004年第4期，第36页。

④ 高和曦：《黎族合亩制地区的文化变迁及其发展》，《新东方》2009年第3期，第29页。

三、有关社会整合的研究

无论在汉人社会、非汉社会，村落社会、都市社会，还是处于社会发展的某一个阶段，人类始终要面对关于维持社会结构正常运转的问题，社会本身都具备一套符合自身发展需要的整合方式，以保证社会秩序的稳定与组织内部的团结。学界有关社会整合的研究已有大量成果，总体而言，在过去的研究中，解释社会整合的重要角度是从社会结构本身如何保持稳定入手。在这种解释路径中，研究者通常会指明在社会结构中起主导作用的社会关系，从而分析这一社会关系的基本结构。

这方面的研究以弗里德曼（Maurice Freedman）的亲属体系研究与施坚雅（William Skinner）的市场体系研究为代表。弗里德曼在对华南地方社会的分析中认为，宗族是该区域社会得以维系的原则，在单姓村的基本社会单位中，以房、支、户的分支结构的亲属关系达成整合，单位之间则通过共同祖先的追溯或婚姻关系来维系。他认为，该区域之所以存在这样的组织方式，是与地处边陲社会、水利与稻作生产密切相关的。即在边陲社会条件下，人们需要结成共同体以满足土地开发和自卫的需要。当地高生产率的稻作经济和剩余积累则有助于共同财产体系的运行，反过来共同财产又推动了大继嗣社区的发展，而宗族内部的贫富差距使得贫穷者需要通过宗族获取利益以改善他们的处境。当地大规模的宗族组织、反国家行动以及宗族之间的世仇成为地方宗族与国家权力关系中持久张力的来源（Freedman，2000）。因此，在弗里德曼的分析中，亲属关系是地方社会结构形成的主导性社会关系，他将经济动力视为维持社会稳定的最重要因素。

与弗里德曼齐名的施坚雅持有同样的观点。他把焦点放在区系研究上，用宏观的空间结构与历史分析中国社会，认为通过区系研究不仅可以观察非正式的市场区系，还可以观察行政体系。他首先对市场在农村社会结构中的角色进行系统分析，市场能够向周围地区提供商品服务，能够把一定范围的居民整合为一个社区。施坚雅把市场社区分为许多层级，认为市场级序的理想状态是，高层地点在一个较大体系内容纳低层地点，并为后者提供当地无法提供的物品与服务。由此，他将社会体系描绘为空间上可见的，由大小市场社区组成的层级结构（Skinner，1998）。施坚雅将清代晚期的中国划分为九个区域，每个宏观区域内部包括级序的核心地点，并有其独立的经济发展周期。为了凸显市场体系的主导性，他还分析了国家行政网络与非正式权力对经济区系的依赖。在分析了清代的区位行政制度后，施坚雅认为表面上决定一切的行政机构仅仅是依附于区域经济空间的，区位行政体系的空间设置符合经济区域的结构安排。他同时关注了在中国大部分地区，非正式权力结构的延伸范围与市场体系的关系。在他看来，非正式政治体系与经济核心地点的重叠反映在非正式政治体系的分布往往与区域人口密度有密切关系。在经济边际地区，人口较为稀少，而在经济核心地区，人口密度相对较高。另外，经济需求与地点级序成正比。因此，在核心地区的中心集镇，非官方官员很集中；而在边际地区的中心集镇，非官方精英比较少（王铭铭，2005）。除了说明市场体系与行政体系的关系之外，施坚雅还简略提到了宗教等其他组织以显示市场体系的主导性。他认为，市场中心因为聚集了丰富的经济资源，因此也汇集了寺庙、学校以及各种民间社团（Skinner，1998）。

当弗里德曼的“宗族”与施坚雅的“市场区系”标准对我国台湾地区社会的认识力不足时，来自台湾本土经验的祭祀圈研究则展示了信仰体系在地方社会运作中的整合力量，这一祭祀组织体系似乎被认为是具有主导性的社会结构。祭祀圈的研究发端于日本学者冈田谦的《台湾北部村落之祭祀范围》一文，文章主要讨论他在我国台湾士林地区观察到的“祭祀圈”现象。在他看来，祭祀圈是共同奉祀一主神的居民所居住的地域，以一个大字为中心并联合周围一些小字而组成，这个圈子是居民祭祀、经济交易与通婚的范围。他认为，“欲知台湾村落之地域集团或家族集团之特质，必须由祭祀圈问题入手”①，也就是说，施坚雅所描述的市场社区概念在冈田谦这里被称为祭祀圈。冈田谦这一观点在许嘉明、施振民、林美容等台湾地区学者的研究中得到了进一步的发挥。施振民将祭祀圈概念延伸到地域组织，建构了台湾地方社会的祭祀等级体系。在这当中，最小的祭祀单位是角头，往上一级是庄，再往上是联庄。每一层级都是一个祭祀圈，许多小的祭祀圈联合祭祀一个更高级庙宇的神明而形成一个更大的祭祀圈，然后再往上推衍。林美容把施振民所说的祭祀层级体系拆成两个部分：大体在乡镇层级之内的为祭祀圈；超越乡镇层级的祭祀区域为“信仰圈”。二者在性质上有些不同。对这些研究者来说，这种层级结构就是台湾地方社会体系的主要结构。②

而费孝通对江苏太湖开弦弓村的实地调查展现出了一个受经济体系主导的社区结构何以生成，在面对现代化变迁时又是如何保持自身结构稳定的实例。在《江村经济》中，费孝通描述了中国农民生活中消费、生产、分配和交易的关系体系，试图说明这一经济体系与地理环境、地方社区社会结构的关系。但经济体系对社区的整合力量并非是唯一的，农民的经济生活是与其他制度，如亲属制度、财产继承等相互协调、配合而达到整体结构的均衡的。因此，在他看来，社区是一个组织完善、安排妥当的有机系统，是一种社会制度的安排。任何一种制度都不是偶然发生的，它们相互作用，产生影响，构成了严密的整体。

同时，费孝通对江村经济生活的考察并不满足于复述静止的农民生活，而是考察江村的生活在世界工业冲击下发生的文化变迁。按照功能主义的理解，经济生活是社区中最基本的生活形态，然而，经济生活与社区中的其他社会生活是连接在一起的，经济生活的维持和变

---

① ［日］冈田谦：《台湾北部村落的祭祀圈》，《社会学》（日本社会学会年报）第5卷，第38~55页。

② 陈纬华：《灵力经济与社会再生产》，台湾“清华大学”人类学研究所博士学位论文，2004年，第9页。

迁会受到种种社会结构性因素的影响和限定，同时，经济生活及其变迁也在很大程度上对社会生活和社会结构产生影响。① 在《江村经济》中，具体的体现便是江村正在经历的原有家庭蚕丝业的萧条所带来的农民生活危机，江村社区传统文化和结构发生衰退和破坏。为了改变经济贫困化的局面，满足生活的需要，村民参与到改进家庭副业生产的合作工厂运动中，并促生了新的、能够满足人们日常生活需要的文化和社区制度，包括家庭关系和家庭伦理的变化。因此，费孝通的研究展现了社区结构在整体遭遇变迁而失衡时，各项制度如何依靠它们意欲满足的需要，在变迁环境下萌发出新的制度体系，维持自身的社会整合。

四、文献评述

以上是海南黎族研究、黎族“合亩”制研究以及社会整合研究中较具代表性的成果。通过对这些文献的回顾，本书得到的启示是：

其一，近年来对黎族的研究愈来愈丰富、细致，然而，这些研究是将其置于少数民族研究的框架下，试图通过对黎族各个层面进行研究，挖掘其民族特性，并没有真正关注黎族村落社会的运行，尤其没有关注到村落主体“人”的活动。因此，这种停留于黎族研究的静态描述，使我们无法了解居住在特定地域社会的人群怎样展开生产、生活，处于全球化浪潮下的传统黎村如何应对现代性的挑战，黎族的民族性在社会变迁中是牢牢把持还是逐步消失，而当代黎族研究无疑要对这些问题作出回应。依笔者看来，唯有以村落社会整体为研究对象，从地方社会结构入手，关注历史变迁背景下黎民的村落生活，整体性地解释黎族社会的内在运作逻辑，才能实现对黎族社会“地方性知识”的深描。

---

① 汪和建：《社区经济社会学的建构》，《江苏社会科学》2001 年第 6 期。

其二，以往的“合亩”制研究可以归纳为两个方面。一是讨论“合亩”制本身。考察“合亩”作为一种旧有经济生产组织的性质、特征、发展及消亡，并从“合亩”内生产资料的占有及当时的生产力状况去推断黎族早期社会所处的历史阶段。二是讨论“合亩”制地区经历的文化与社会变迁。即通过对历史上“合亩”制地区的重访，从政治、经济、社会文化等方面，展现黎族人民生活发生的深刻变革。然而，这两个方面的研究过多地将“合亩”视为经济生产组织，且往往受意识形态影响较深，将其置于黎族早期社会形态的讨论中。在笔者看来，当代的“合亩”制研究需要在新的知识脉络下厘清“合亩”本身的性质、它与地方社会结构之间的关系以及为何历经社会变迁，我们看到这种“合亩”关系依然在当代黎族生活中有所体现，而这一现象的背后必然有其内在逻辑。

为此，本书将在已有研究的基础上，寻求“合亩”制研究的新路径，努力揭示“合亩”制除了作为经济生产组织之外，对于黎族地方社会治理本身的意义，即如何实现黎族社会内部的整合与再生产。同时进一步思考“合亩”是否可以作为黎族地方社会运行中起主导作用的社会关系，在不同历史时段遭遇外部力量的冲击、面对社会变迁的压力时，这种社会关系是否瓦解，又是如何应对的。

第四节　分析框架

在本书看来，“合亩”作为黎族历史上一种地方社会结群、开展经济生产的组织形式，支撑起早期黎族村落社会的内部架构，同时，在历史发展的脉络下，“合亩”传统并未在村民生活中消失，其“协同合作”的意义在当代依然显现。因此，想要了解“合亩”的意涵，必须首先了解“合亩”作为一种制度的内在结构，即何种构成要素及存在条件，使其经历各种外在力量的冲击而具有延续性。随后分析历经各历史阶段的变迁，政治、经济、社会等各种因素如何在“合亩”的场域中相互关联起来，从而形塑传统黎族村庄的聚落形态与村落社会的当代样貌。对于这一过程，笔者称之为地方社会的治理，因此，本书书名中使用“治理”的概念是对黎族社会从历史到当代如何持续性生产本民族文化的表述，体现的是延续性特征，而非重新建构。

具体来说，本书试图从以下几方面展开：

首先，通过以往对“合亩”地区研究的历史调查材料，深入分析在王朝国家时代下的黎族社会，“合亩”如何使黎族个体家庭联结起来，在稻作生产、狩猎等方面实行共同劳动、集体分配的运作模式，同时这一互助协作关系延伸至社会生活领域。尝试找出“合亩”的内部结构和本质，以及“合亩”对于村落社会整合的意义。

其次，中华人民共和国成立之初，国家在黎村进行的土地改革和集体化运动完全基于黎族的“合亩”制展开，黎民经历了由“亩”内成员到合作社社员的改变。那么，国家力量的进入对黎民生活方式及村落共同体秩序有何影响？“合亩”关系在这一时期是否有新的变化？

最后，随着家庭联产承包责任制在黎族地区推行，村中的水田、旱地、山地逐步分到各家各户，农业的机械化运作和土地数量的减少，使个体家庭完全有能力应对农业生产。在这种集体劳动、共同耕作的“合亩”形态已消失得无影无踪的背景下，面对市场化浪潮的冲击，村落内部副业又出现了新的联合。同时，尽管受汉族影响，黎族的仪式简化许多，但男女双方家族、村落成员依旧参与到仪式之中，通过仪式中的礼物与劳务的分享和交换，村落社会中的个体家户与家族及村落共同体之间彼此拥有，相互包含，这是不是黎族“合亩”社会的固有传统与社会性在当代的表现？

第五节　研究方法

本书的目的在于完成一部描述黎族村落的民族志，因此人类学的民族志研究将是笔者呈现地方性知识的重要方法。无论走进历史的还是当下的“田野”，我们会发现，“合亩”这一文化类型并不局限于黎民的经济生产领域，它已渗透到村落社会、文化、政治、法律等诸多层面，是维系黎族村落整体运行的重要原则。同时，“合亩”关系又超出实在的地理意义上的村落范围，贯穿于黎族社会发展历程之中，不断讲述着黎民世代的生存逻辑。因此，对“合亩”的性质、运作方式以及如何延续下去的讨论，需要有一种在认识论和方法论层面上的整体性关怀，而这种整体性解释也是人类学研究，特别是民族志实践与书写的基本策略。

人类学民族志的实践经历了超越政治经济学和文化解释的分析而走向整体性解释的过程，萨林斯、莫斯等人的努力体现出新的实践方向。萨林斯基于对经济决定论和有机体论的批判性反思，提出反对将整体内部切割为经济、社会、意识形态等各级目标系统，认为应当有一种人类学长期以来对各种文化着重点所具有的多样性欣赏的视角，即这些文化着重点的不同代表着象征图式的不同制度性整合（萨林斯，2002）。莫斯则以原始社会礼物交换的民族志研究说明“总体社会事实”的存在，认为礼物交换，如毛利人的“hau”一样融入了灵魂的神秘力量，是一种“总体呈献体系”，复合了经济、法律和道德因素，因此对其研究不能将其肢解，应整体、动态地考察其社会体系的全部（莫斯，2002）。

对于本研究而言，“合亩”是一种地域社会的“整体范畴”，体现出地方人群的生活实践，它不仅关涉到社会生活的各个面向，也具有历史延续性，参与到下一时段的黎民生活之中。因此在对“合亩”研究的民族志实践中，本书试图以一种“整体生存伦理”的研究策略，展开对“合亩”文化逻辑的诠释。在问题意识层面，“整体生存伦理”概念试图揭示的是特定地域（包括社区、地方和想象的共同体）人群联结的秩序发生学机制，而这种“秩序的形成”是社会再生产和文化实践过程，物的再生产和象征符号的再生产都同时隐含了人们的道德想象和生命体验。① 因此在实际研究中，笔者力图通过“在地化”理解和思考“合亩”这一黎族本土社会的文化逻辑，并观照到黎民个体的心理和主观体验，以期整体性体现当地人的历史主体性。

基于以上对人类学民族志研究的理解，且“合亩”制这一文化类型跨越黎族社会发展的几个时代，因此本书在研究方法上，对历史材料的爬梳和实际田野考察二者并重，具体研究以参与观察、深度访谈、文献查阅等途径获取材料。

参与观察。在冲山镇领导和田野报道人的帮助下，笔者能够进入黎村调查，并顺利展开田野工作。正如报道人所讲，整个番茅村都是“亲戚关系”，村民之间相处很融洽。

深度访谈。从最初了解村落社会结构、走访村民家庭时，访谈就开始进行了。在搜集有关村落历史、传说以及他们对历史事件与过去生活的回顾时，需要进行深度访谈，访谈对象的选择根据研究主题而定。深度访谈得来的材料将反映出村民对其生活世界的感知、理解及其实践的方式，这些都将是民族志写作的重要资料来源。

文献查阅。从村民口中得知，该村已存在近百年，有着悠久历史，因黎族社会早期只有语言没有文字，因此在现有文献中很难找到相关史料记载。为此，笔者将从史志办、档案馆等部门挖掘有关该村或邻村的历史资料作为重要补充。同时在对“合亩”制的分析中，将充分利用以往学界对黎族社会、黎族“合亩”制研究的历史调查材料，博采众

---

① 张佩国：《整体生存伦理与民族志实践》，《广西民族大学学报》（哲学社会科学版）2010 年第 5 期，第 50 页。

家之长。

在本书看来，无论以何种方式获取资料，能够紧密围绕研究主题，娴熟运用获取的各类材料，对“合亩”制作为村落社会再生产的组织方式进行恰当的解释才是最重要的。而这一目标的实现，不仅需要一定时间的田野调查，同时需要研究者站在客位的角度去分析以及对社区全貌进行整体性把握。

第一章

黎族『合亩』社会的建构

通过对“合亩”的人群构成、运作模式等分析，可以认为，“合亩”制是黎族社会早期基于土地而形成的社会交换体系。这种交换关系延伸到黎民生活的各个领域，是实现黎族“合亩”社会结群与再生产的重要力量。

同时，这一地方社会并非因地理区域的封闭而脱离王朝国家的统治视线，自隋唐以来，中原政权通过冯冼家族对南方土酋势力的抚定，逐步对海南岛进行有效管治和深入开拓。

而外部经济环境的变化也将海南置于更广阔的贸易版图之中。自唐代开始，海南逐步参与全球海洋贸易体系，其中宋代琼岛内外的香料、牛只贸易尤为突出，岛内经济社会结构发生着变化。但是，琼岛中部的“合亩”地区在面对王朝势力和贸易往来的渗透冲击时，仍因岛内交通受阻、地方豪酋势力等始终维持着社会自有的运作模式，保持着社会内部结构的稳定，这体现为黎民以“合亩”为支撑的经济生产和社会生活方式一直延续至中华人民共和国成立初期。

第一节 “合亩”制与地方社会

一、“合亩”制

“合亩”黎语称为“ŋuŋ^{55} t ‘ɔŋ^{31} un^{33} kuŋ^{53}（大、家、合、工）”，译作汉语即“大家合起来做工”的意思。在具体的研究中，学界将黎族社会这种以“合亩”形式组织农业生产和社会生活的制度称为“合亩”制。

因黎族社会早期只有语言而没有本民族文字，使得“合亩”的起源时间无史料可考。在20世纪对黎族地区的调查中，据当时老人回忆，保亭县第三区福利乡一带在9代以前便有“合亩”，白沙县第二区毛栈乡在7代以前也有“合亩”。① 由此可推断，“合亩”的出现在黎族历史上颇为久远，而这些说法仅靠黎族老人记忆的追溯不够准确，“合亩”的实际起源时间可能更早一些。

中华人民共和国成立初期的民族学调查发现，黎族历史上存在“合亩”这种生产组织的地区属黎族五大支系中的“杞”方言区，其地处琼岛中南部昌化江的中上游，深入五指山腹地，曾被称为历史上“悬崖阻隔”、“深林密布”、“外人不复迹”之地。“合亩”一词是1947年琼崖纵队进入这一地区建立民主政权时，当地汉族干部按照海南汉语语音音译而成，后来得到民族研究者的一致认可，并得以沿用。也正是由于这种自然地理条件，其受外界影响较小，与“俘(哈)”、“润”、“赛”和“美孚”四大支系黎族相比，直至中华人民共和国成立初期，这片区域的黎民依然保存着这种古老的经济生产制度。据统计，1950年前保留“合亩”制的地区共有26个乡，总面积约1000平方公里，约占黎族地区面积的8.7%。这26个乡中共有971个合亩，3591户，总计13413人，占当时黎族人口（36万人）的3.73%。②

“合亩”制地区的地名多以“毛”字开头，如毛辉、毛栈、毛贵等。从具体地理分布来看，保亭县共有16个乡存在“合亩”制，其中分布于第三区14个乡（今五指山市的畅好乡、毛道乡、南圣镇、冲山镇等地），共有495个合亩；分布于第五区2个乡（今保亭黎族苗族自治县的毛感乡等地），共有40个合亩。其余分布在白沙县第二区的部分7个乡（今琼中黎族苗族自治县什运乡的部分地区和五指山市毛阳镇一带）和乐东县第二区的3个乡（今五指山市番阳镇）。可见，历史

---

① 中南民族学院：《海南岛黎族社会调查》，广西民族出版社1992年版，第38页。

② 《黎族传统社会制度》，海南省民族文化网，http：//www.hainan.gov.cn，2007-01-12。

上的“合亩”制地区大部分为现今五指山市所辖，由于五指山市原称“通什”，因此，人们常将保亭县第三区“合亩”制区域称为通什“合亩”地区。

二、“合亩”的构成及运作

1954—1955 年间，中南民族学院调查组选取保亭县的通什乡(福关、毛利、什勋村)、乐东县毛农乡（毛或村)、白沙县第二区毛路乡（牙关村）以及毛栈乡（番满村、什够村)，共计 7 个以“合亩”为生产单位的黎族村落，展开对中华人民共和国成立之初黎族“合亩”社会的全方面考察。这份对黎族“合亩”制研究的第一手材料，为我们深入地了解“合亩”的内部构成和“合亩”本身的性质提供了重要参考。

(一)“合亩”的规模

依据此次调查，通什乡福关、毛利、什勋村共有“合亩”27 个，组成“合亩”的户数少有2 户，多至13 户，以3~6 户组成“合亩”的最多。乐东县毛农乡毛或村和白沙县的 3 个村参加“合亩”的户数同样以 3~6 户占最大比例（表 1. 1)。

表 1. 1　**福关等村的“合亩”组成户数**

	2 户	3~6 户	7~9 户	12 户	13 户	合亩总计
福　关	1	9	1	0	0	11
毛　利	5	6	0	0	0	11
什　勋	2	1	0	1	1	5
毛　或	0	6	2	1	0	9
牙　关	2	6	2	0	0	10

续表

	2户	3~6户	7~9户	12户	13户	合亩总计
番 满	0	6	0	0	0	6
什 够	4	5	0	0	0	9

资料来源：根据1954年中南民族学院调查资料整理。

另据研究者对白沙县毛贵乡什空等10个黎村的“合亩”情况调查表明，什益等7个村1950年前共有31个合亩（外有10个单干户），其中包括2户的8个，3户的7个，4户的5个，5户的8个，6~7户及11户的各1个。合亩最小的有2户，最大的有11户，一般是2~5户，占1950年前合亩总数的90.32%，占1950年后合亩总数的86.58%。①因此，从以上1950年前对“合亩”制地区的调查情况来看，可以推断合亩的规模基本为3~6户。

事实上，这种合亩规模的普遍存在与当时黎民生产中的现实状况有关。因为随着“合亩”内部人口数增加，耕地面积未增加或增加得很少，从而使经济生产所得不够维持全亩成员的生活，或是亩内父子、兄弟间感情不合，尤其会有妯娌之间因出工早晚等日常生产中的问题而产生矛盾，这些因素往往导致分家，即分亩。此外，研究者在白沙县牙关村的调查中还发现较特殊情况，该村的分亩缘于当时恶霸对当地黎胞的压迫，恶霸常处罚群众几十头牛或百块光洋，一人拿不出时势必要变卖合亩的公田，这严重影响了亩内各户的生产和生活，因此为了避免一人出事牵连他人，不得不分亩。②

对于分亩，大部分“合亩”制地区黎民会有相似的、较为简单的仪式。如在乐东县，兄弟之间分亩要每人拿出一头猪、一坛酒，由亩头

① 广东少数民族社会历史调查组：《海南黎族苗族自治州鄱阳乡、毛贵乡黎族合亩制调查》，1958年，第41页。

② 中南民族学院：《海南黎族情况调查·第一分册：“合亩”制地区》（内部参考），1955年，第169页。

请村内的奥雅和亩头们喝酒，使大家了解分亩的情况并作以证明。① 毛贵乡亲属关系的“合亩”在分亩时要请奥雅主持祭告祖先的仪式，祈告“你们留下来的土地已经分了”，奥雅会对分亩的人说：“你们以后不要争吵，田地已为各家所有，自打主意，谁能干谁就能保住田地，有饭吃，谁不干谁就会失去土地，会挨饿。”②

至于在纯血缘关系的合亩内部，多久会分化为新的合亩，“合亩”制地区各地情况不同。据1956年对毛道乡“合亩”制的考察，王老东合亩属于分化较少的一类。该合亩可追溯到9代前，当时王老东的祖先朴基死后分化为两个合亩，分别以长子和次子为亩头，随后每代的祖先死后都陆续分化出新的合亩。直至王老东高祖父的父亲开始，单独组成一个合亩，6代以来没有分化。这种可以算是为数不多的以家族为单位持续存在的合亩。据当地民众反映，在当时的情况下，经过2代或3代分化的合亩较多。③

（二）“合亩”内部的人群结构

对黎族“合亩”内部人群关系的考察是分析“合亩”性质的重要条件，以下内容将从中华人民共和国成立之初民族研究者对黎族“合亩”制地区的调查材料入手，分析“合亩”组织内部的人群构成，进而为探讨黎族“合亩”本质作准备。

在本研究看来，个体黎民在农事生产上之所以采取“合亩”的组织形式，是与黎族社会关于家庭的观念密切相关的。因为在传统“合亩”制地区，黎族有分家的习惯，儿子长大成婚后一般会提出与父母分开居住，但都会居住在附近，只有未结婚的子女和缓落夫家的女儿才

---

① 中南民族学院：《海南黎族情况调查·第一分册：“合亩”制地区》（内部参考），1955年，第101页。

② 广东少数民族社会历史情况调查组：《番阳乡、毛贵乡黎族合亩制调查》，1958年，第42页。

③ 《保亭县毛道乡黎族合亩社会调查报告》（初稿，内部参考），1956年。

与父母共同生活，父母到年迈时一般会由最小的儿子赡养。因此分家后黎族的一户家庭通常是四五口，有的少至两口，三代同堂的现象十分少见。而这种家庭观念影响至今，在当代我们仍能看到黎族社会以这类家庭居多。因此，黎族社会这一关于“家”的观念，某种意义上决定了黎民在经济生产方面组成的“合亩”最初以家族或个体家庭为单位，以亲属关系为“合亩”人群构成的基础。那么问题在于，是否如以往“合亩”制研究所认为的“合亩”是以血缘关系为基础形成的，亲属关系是不是“合亩”形成的最重要原则和出发点？如果不是，“合亩”制本身得以形成和延续下去的内在逻辑是什么？对这些问题的回答需要在“合亩”制地区调查材料的基础上，考察“合亩”制本身发生的一系列变化而进行全面分析。

首先，在 1954 年中南民族学院调查的保亭、乐东、白沙三县的 61 个“合亩”中，据调查者逐个“合亩”统计的资料显示，由亲属组织构成的“合亩”44 个，占7/10；由混合组织构成的“合亩”17 个，其中大多数又是以亲属关系为主体。① 我们从表 1.2、表 1.3 可以看出在亲属组织构成的“合亩”中，旁系亲属关系占据“合亩”的主体。其中，牙关村的 10 个“合亩”全部由亲属构成，最大的 9 户，最小的 2 户。

表 1.2　　保亭县福关村黄老门“合亩”（亲属组织）情况

户主姓名	亩内地位	与亩头关系	人口数		
			男	女	小计
黄老门	亩头	本人	2	1	3
黄老寸	亩众	二弟	2	4	6

① 中南民族学院：《海南岛黎族社会调查》，广西民族出版社 1992 年版，第 39 页。

续表

户主姓名	亩内地位	与亩头关系	人口数		
			男	女	小计
黄老才	亩众	儿子	1	1	2
黄老苦	亩众	大叔	2	1	3
黄老天	亩众	二叔	1	1	2
黄老拔	亩众	三叔	2	3	5
黄老冲	亩众	堂弟	1	1	2
黄老必	亩众	堂弟	3	3	6
黄老苗	亩众	堂弟	1	1	2
合计			15	16	31

资料来源：中南民族学院对“合亩”制地区的调查资料，1954 年。

表 1.3 **白沙县牙关村“合亩”（亲属组织）情况**

亩头	户数	人口	亲属关系（户）	
			直系	旁系
王示七	4	14	2	2
王新登	3	10	2	1
王和信	2	11	1	1
王元信	4	22	2	2
王文贵	3	15	1	2
王有保	5	20	2	3
王道理	2	10	2	0
王青兵	9	38	2	7
王老左	7	29	1	6

续表

亩头	户数	人口	亲属关系（户）	
			直系	旁系
王清会	6	22	4	2
合计	45	191	19	26

资料来源：中南民族学院对“合亩”制地区的调查资料，1954 年。

另一类是以亲属关系为基础，加入外来户的混合型“合亩”（表 1.4、表 1.5）。其中，毛或村的个别“合亩”中加入“龙仔”，这不是普通意义上的外来户，而是“合亩”制地区“亩头”和外来“亩众”之间形成的一种特殊关系。“龙公”、“龙仔”是汉语海南方言的叫法。黎语称“龙公”为“奥凡”（$vok^2fe:ŋ^1$），有“做主人”的意思。“龙仔”则称为“奥伐”（vok^2fat^2），直译是“做穷人”的意思。“龙仔”一般分两种：一种是指在生活上贫困、失地或无地的农民为解决生产问题，投靠合亩，拜“亩头”为“龙公”；另一类是为在政治上得到有势力的村中领袖人物的庇护而拜其为“龙公”。我们在“合亩”中看到的“龙仔”指前一种。这类“龙仔”在经济上投靠“合亩”，又分短期投靠和长期投靠。短期投靠，常是欠了债，要在“合亩”内参加劳动还债，一旦还清债务，便可离开。这种“龙仔”不必改姓，待遇和一般亩众相同。所谓长期依靠，是指孤苦伶仃或因重大变故完全破产的农民，为了生活长期投靠富裕户，改姓“龙公”的姓，称“龙公”为父，称“龙公”的儿子为兄，终身参加劳动。这种“龙仔”参加“合亩”劳动时，如果未婚，则不能分得谷物，但“龙公”往往要帮助他结婚，婚后便可按户平均分一份稻谷。①

从调查材料中，我们难以判断毛或村王大权“合亩”中的 3 户

① 中南民族学院：《海南岛黎族社会调查》，广西民族出版社 1992 年版，第 45 页。

"龙仔"属于长期或是短期投靠，但可以推断的是，在当地黎民看来，这类"龙仔"或是养子与其他外来户一样，不被包括在亲属范畴之内。因此我们从调查材料中可以看到，凡是有"龙仔"参加的"合亩"，都会被视为混合型"合亩"组织。

表 1.4　　乐东县毛或村"合亩"（混合组织）情况

亩头姓名	参加户数				备　注
	亲属户数	龙仔	养子	合计	
王在立	12	0	2	14	养子为王代华、王元琼，均已结合立户
王老镜	9	0	1	10	养子为王老连
王进培	8	0	1	9	养子为王老野
王大权	3	3	0	6	龙仔为王理由和王公元父子，共 3 户

资料来源：中南民族学院对"合亩"制地区的调查资料，1954 年。

表 1.5　　保亭县毛利村黄老纽"合亩"（混合组织）情况

户主姓名	亩内地位	与亩头关系	人口数		
			男	女	小计
黄老纽	亩头	本人	3	1	4
黄老关	亩众	亲弟	1	2	3
黄老时	亩众	外来户	2	1	3
黄老体	亩众	外来户	1	5	6
合计			7	9	16

资料来源：中南民族学院对"合亩"制地区的调查资料，1954 年。

其次，广东少数民族社会历史调查组从 1956 年 10 月至 1957 年 5

月在保亭县毛道乡、白沙县毛贵乡①和乐东县番阳乡进行了为期半年多的“合亩”制调查。1958年整风反右斗争后对这两乡又进行了补充调查，同时重点调查了保亭县通什乡。② 在这一时期的调查材料中，我们看到“合亩”内部的人群结构发生了一定变化，组织成员间的血缘关系逐渐减弱。

根据这一时期的调查材料，可以看到，随着“龙仔”等外来户的加入，通什、毛道乡的“合亩”中非血缘关系的户数、人口增多。在通什乡的57个合亩中，非血缘关系的合亩为32个，占56.14%，毛道乡的非血缘关系合亩也达到半数（见表1.6）。

表1.6 **通什、毛道两乡“合亩”血缘关系统计表**

	合亩总数			纯血缘合亩			非血缘合亩		
	亩数	户数	人口	亩数	户数	人口	亩数	户数	人口
合计	108	632	2127	51	225	776	57	407	1351
通什乡	57	233	846	25	78	234	32	155	562
毛道乡	51	398	1231	26	147	492	25	251	789

资料来源：《黎族社会历史情况调查资料》第四分册，逐合亩普查，1958年。

另据对白沙县毛贵乡的“合亩”制情况调查，1947年该地区“合亩”的组织形式为：父子亩7个、同胞兄弟亩5个、同胞兄弟及其儿子组成的合亩14个以及包括非血缘关系的“龙仔”参加的合亩4个。在合作化前夕，该地区除了以上的“合亩”形式外，出现了4个非血缘关系的朋友成员的“合亩”，包括番满村的王贵立合亩、王贵申合亩、

① 此处原作者注明为琼中县毛贵乡，当时实为白沙县所辖。

② 广东少数民族社会历史情况调查组：《海南黎族社会历史情况调查资料》第四分册，1958年，前言部分。

什益村的王元才合亩和王元宝合亩。① 同时调查者于1957年在番满村看到的情况是，在由31户组成的“合亩”中，其成员全部属于不同的血缘单位。

此外，笔者在2011年对五指山市冲山镇（属原保亭县三区范围）的“合亩”制情况田野考察中，曾向村民了解历史上“合亩”的组织形式。据村民回忆，番茅村黄丽蔡（化名）家族自高祖父起形成合亩，当时合亩的构成是以亲属关系为基础，同时吸纳部分外来者。外来户加入合亩后也被视为家族成员，同样被认作同族兄弟，并不区分对待，共同遵守本族不通婚的社会法则。1950年后，尽管家族中的“合亩”解散，但当时定居下来的外来户与黄丽蔡（化名）的族人仍以兄弟相称，并住在同一个村中。

同样，番茅村黄洪昌（化名）家族的“合亩”也曾加入一些投靠的农户，在讲述与外来户之间的关系时，他说道：

> 过来投靠的人也是我们的长工，也是佣人。但我们这边的人都以亲戚称呼，比如说年龄小，就称为儿子，差不多大的就称为弟弟。生活上都一样，我们有吃的都会平均分给他。如果到结婚年龄，也会出面帮助。反正投靠的人来了就等于是我们的孩子、我们的兄弟了。就和我们一样了，地位也是一样的。

与番茅村相邻的红雅村也是历史上的“合亩”制村落。据红雅村前支书黄乐柏（化名）介绍，其父辈所参加的“合亩”属于短期投靠亩头的情况：

> 我父亲一辈是逃荒到这里才认识亩头的，就跟着干工了，像打

---

① 广东少数民族社会历史情况调查组：《海南黎族社会历史情况调查资料·第二分册：番阳乡、毛贵乡黎族合亩制调查》，1958年。

工一样。一般是认作兄弟，几年就几年，想住就住，不想住就走。

合亩不一定是家族的人在一块，自己开多少就种多少。以前的情况是，都有个亩头，有钱、有地、有牛的，我们几个人就跟你种田，到收获的时候他就给我们一点点。在一起种山栏、种水田。如果不想和亩头种，那就自己种。

亩头不是选出来的，是有钱有势的人。他们有地，有牛。我们是投靠他，过来谋生的。

综观之，从1954年对黎族地区61个合亩的调查到1956年扩大范围的调查，“合亩”内部的人群结构从以亲属为主体，过渡到更多的是以地缘关系为人群连结的纽带，血缘力量不如黎族社会早期那么强大。加上笔者在田野考察中了解到的情况，可以认为，以家族为单位的“合亩”组织发展到一定历史阶段，其形式更为复杂，内部构成的人群不仅限于亲属关系，出于生计的需要，几户黎民组成“合亩”共同耕种土地的现象也是存在的。同时，这种组织形式从“合亩”制地区以土地为代表的生产资料占有情况来看，也有所体现。

（三）亩内生产资料的占有情况

“合亩”时期耕作的土地包括水田、旱田、山栏地、坡地和园地。从比例上来看，以“合亩”为单位种植的主要是水田、旱田，种植山栏时一般也会以“合亩”的形式进行，但只有规模较小且由亲属组成的才以“合亩”为单位进行，一家一户单独进行的较为常见。坡地和园地基本由黎族个体小家庭自行耕种，如在住屋附近种植瓜类、豆类、青菜，也会夹杂种几种不同作物。

“合亩”内的耕地来源一般可分为三种：“祖遗田”、“伙买田”和“私有田”。所谓“祖遗田”，是指祖先流传下来的耕地，属父子、兄弟共有。在亲属组织的“合亩”中，以“祖遗田”居多，因此在分亩时，常常会举行祭告祖先的仪式。而几户伙有和一户私有的占有情况分几种：有的是所有者用猪、牛或光洋买来的，有的是组织“合亩”成员开荒得来的，也有雇工开垦的。据调查，土地归几户所有的情况较多存在于外来户较多的混合组织的“合亩”中（以2～4户伙有的占大多数），① 这些耕地交由“合亩”集体共耕。1户私有的情况广泛存在于吸收“龙仔”的“合亩”中，“龙仔”绝大多数是因生活所迫前来投靠“龙公”的，因此没有土地，也就没有土地所有权，这类耕地属于“私有田”。

笔者在田野调查中了解到，历史上番茅村黄采柏（化名）家族的耕地属于本家族自己开垦的情况：

有钱的地主他们就买田了，穷人没钱就自己开发地，能开水田就开水田，不能种水田就上山砍山，刀耕火种就是这样。砍山、用火烧、把种子播下去，像“刹、刹”这样子，就点下去种子，下雨了（种子）就自己生，这个我们这里就叫做山栏。

在山上砍山就种山栏，在地下开荒一点点就种水田。有钱的大地主就买人家的田，雇人家来种。过去有牛的就用牛犁田，没有牛的就用人挖。我们家族山栏和水田都自己开，还给人家打工的。有牛的会用牛来踩田，踩烂烂的时候就插秧，没有牛就人来挖。

同属番茅村的黄洪昌（化名）家族的山地是租来的，水田由本“合亩”组织耕作：

我们这边都是租人家的山地来种，代价是一缸山栏酒、一头猪。我们家族主要是水田多，山地我们就只有一小块，其他山地都是红雅村的，我们种山栏稻都是去租人家的地。比如说一块地，山

① 海南省地方志办公室编：《海南省志·民族志》，南海出版公司2006年版，第80页。

栏我们已经砍空了，不能种了，我们就种豆角、玉米，都在山地上种。水田只能种稻谷，因为那时候收成不是很多。水田和山栏的生长期都是一样，都是3个月。

牛只是“合亩”时期仅次于耕地的重要的生产资料。在“合亩”制地区，牛只不仅用于劳作，而且是财富的标志和交换的媒介。牛一般分为耕牛和非耕牛。耕牛一般以水牛为主，黄牛除少数用作耕田外，绝大部分当作家庭或合亩的财富。每逢婚丧活动和“作鬼”仪式，黎民多杀水牛来祭鬼，在节日喜庆时间多杀黄牛，因此牛的消耗量很大。牛只（包括耕牛和非耕牛）的占有也分“合亩”集体所有、几户伙有和一户所有三种形式。在亲属组织的“合亩”中，耕牛是祖先留下的，为兄弟共有，一般不分。混合组织的“合亩”牛的私有比较普遍。

除了耕牛之外，“合亩”成员从事“合亩”的集体生产时，都使用自己的工具，归一家一户私有，损坏后也由自己负责修补和添置。

（四）“合亩”的具体运作

明确了“合亩”内部的人群构成、生产资料所有的形式等情况后，接下来需要了解的是“合亩”如何组织黎民的生产和生活。本书前面已经简略提到，每一个“合亩”有一个亩头，负责“合亩”的生产、生活事务和处理对外关系。杞方言黎族将亩头称为“俄布笼”（go^2 ploŋ^3 loŋ^1），亩众之间都互称为“通英翁”（tho：ŋ^{2}e：ŋ^{2}gu：ŋ^1）。①

亩头都是由有能力的长辈担任。在纯血缘组成的或是以亲属关系为主体的合亩中，亩头是按辈分、长幼轮次的，并不是选举产生的。而在混合组织的合亩中，亩头一般是大家公认有能力的人。对当地黎民来说，作为亩头需要具备以下条件：已婚，同时有丰富的生产经验和传统

---

① 《海南省志·民族志》，海南史志网，http：//www.hnszw.org.cn/data/news/2008/09/38482/。

知识，懂得领导和指挥生产，能够执行生产前后的宗教仪式。这是因为黎族农业生产上的很多禁忌需要亩头来完成。例如，按照耕作习惯，在犁田开始的前一天黎明时，要由亩头到田里来回犁两次，随后亩众才能出动。亩头的妻子在管理妇女的生产活动方面是丈夫的得力助手，她与丈夫一起执行生产方面的各种仪式，同时也是亩内妇女劳动生产的带头人，如拔秧、插秧、割稻、捡稻等都由亩头妻子领头，妇女们才跟着下田劳动。

在以亩头为家长或领导者的具体农业生产中，十分强调性别分工。男人从事粗重劳动，如犁田、耙田、挑担、砍山栏、戳山栏穴等，女人负责较轻的农活，如拔秧、插秧、割禾、下山栏种等，以及承担日常家务劳动，如舂米、挑水、煮饭、饲养家禽牲畜和照顾小孩。在一些“合亩”制地区将这种自然分工视为不当，因此，在耕作中，黎族男女的工作彼此不相混合，极少互相帮助。只有当妇女从事田间劳动时，日常家务才由男子承担。老幼则各按其体力条件承担不同的工作。年幼的大多放牛、帮忙家务，年老的大多赶稻田的麻雀、引水灌溉水田、照管小孩等。因此，每一“合亩”内部的耕作严格依照这种分工进行，男女各干自己的“工”。

“合亩”对劳动产品的分配原则与生产资料的所有情况相适应，也是多种形式的。对于全亩共耕的产品，由亩头主持平均分配。按黎族传统习惯，在全部产品中，要扣除几项稻谷：种子、“稻公稻母”、“留新禾”、“酿酒粮”、“公家粮”。其中，“稻公稻母”是一种“合亩”制地区黎族的生产习俗。黎语称“vui tsang”，意为“五谷的灵魂”，据说是只有亩头一家人可以吃，否则对来年生产不利，同时不能出卖、转让或赠送，但可以拿来救济亩内的困难户。① 对于“合亩”内以一家一户为单位或几户伙同进行生产所得的产品，如种植薯类、瓜菜，养殖家禽

① 中南民族学院：《海南岛黎族社会调查》，广西民族出版社1992年版，第84页。

家畜所得产品，出租土地、牛只所得的地租和牛租等其他收入，均归该户或几户所得，不归“合亩”分配。

笔者在番茅村调查期间，听黄进香（化名）讲述到祖辈“合亩”时期的分配情况：

> 收割回来，那时候不是靠收割机而是用手直接割稻穗，然后就回来把麦穗绑起来，晒干，大家就分了，各家拿回去自己存放。我们搞一种竹墙，然后把麦穗往上面一垒一垒地放。一把一把地晒干，不像现在这样用机器打成粒。我们山栏和水稻都是这样做的。

番茅村有些村民也回忆说，当时每个“合亩”都会有粮仓，“有时候也不分配，仓库就在那，反正谁没饭吃谁就拿大桶来装米，就可以拿回家了”。

除“合亩”内部的互助合作关系之外，“合亩”之间在农业生产上也是可以互助的。在对乐东县番阳乡的“合亩”情况调查中我们看到，空透村张亚文父亲合亩与张亚空父亲合亩，张亚空父亲合亩与张仔竟父亲合亩，万板村徐柏磊合亩与徐阿湛合亩都有过互助捻稻或开垦坡地的情况。这种“合亩”之间的互助不计工资，被助“合亩”在农事完毕后往往杀猪或牛请酒作为酬谢。此外，“合亩”之间也有劳动力调节情况。例如，抱隆村王佰比合亩缺劳动力，经与王老万合亩商量，征得王成弹同意，把王成弹调来参加王佰比合亩，万板村徐柏磊合亩与徐阿湛合亩之间也有过同样情况。①

“合亩”除了作为黎民农业生产的组织单位，在社会生活层面也发挥着彼此互助、解决生活难题的作用。调查材料显示，在“合亩”内，亲兄弟间有人缺粮或遇到婚、丧、病等大事，其余兄弟一定主动帮助，

---

① 广东少数民族社会历史情况调查组：《番阳乡、毛贵乡黎族合亩制调查》，1958 年。

以后有就还，没有也可以不还。除亲兄弟外，一般是有借必还，但一律不限期，不计息。有亲友来访时，原则上由各户各自招待，但"亩"内各户有时也轮流邀请，款待酒饭。如亩头有亲友来访，在亩头杀猪待客时，各亩众每人要带一些酒来共饮。以后各户又轮流邀请客人到家中，以猪、鸡肉招待客人，而亩头和其余亩众也带酒去共饮。① 同时，在亩头或亩众修建私人房屋时，全"合亩"的人都会主动帮忙，不要酬劳，只是在新屋落成后，屋主会在新房入住当天杀猪备酒款待大家一餐，这种互助习惯至今在黎民建房时仍能看到。

此外，打猎也是传统黎民的生计来源之一，村民经常以"合亩"为单位集体上山打猎，打猎得来的山猪、山鹿等常由全"合亩"或全村的人共食。

三、对"合亩"本质的讨论

如本书文献回顾部分所言，"合亩"制性质问题曾在学界引起广泛讨论。一方面，受当时意识形态影响，研究者较多地从"生产力决定生产关系"的分析维度，将"合亩"制置于"社会发展阶段论"的讨论框架下，提出"合亩"制是"原始公社制度民族公社残留制度"、"父系大家族或父系家长制的家庭公社"等论断。② 另一方面，受占有的调查材料所限，一些学者提出"合亩"是基于父系血缘关系而形成的亲属组织等。那么，如果摒除意识形态的影响，在现代学科知识体系下作分析，该如何解释黎族"合亩"的生成逻辑？"合亩"制是否能被视为古代黎族社会特有的文化类型？

本书前面部分已在调查材料和实际田野考察的基础上，从几方面检视了"合亩"内部的构成及运作。不难看出，"合亩"从最初的以血缘

---

① 中南民族学院：《海南黎族情况调查·第一分册："合亩"制地区》(内部参考)，1955 年。

② 如梁钊韬、岑家梧等老一辈民族学家的观点。

关系为基础的家族生产单位逐步发展为吸纳外来群体参加，包括以“龙仔”为代表的无地的外来户，后面还出现了一些由非亲属的朋友组成的、几户伙耕的形式。这说明，“合亩”这一生产组织单位经历了由血缘关系到以地缘等其他条件为内部构成要素的变动过程，同时说明亲属关系不是“合亩”形成的最重要的出发点，因为从“合亩”的人群构成来看，亲缘关系并不是唯一的构成原则。

由此，如果要确定黎族“合亩”制的性质，需要找出在“合亩”形式发生变化的过程中，始终维持“合亩”组织延续不变的要素，要找出究竟是何种力量使“合亩”的形态延续至国家推行合作化运动之前，使我们仍能看到以共同劳动、集体分配、互助合作为核心的组织形态。依本研究看来，“土地”这一生产要素才是“合亩”得以存在的关键，没有对“土地”的依附，该生产组织不会存在，“合亩”内部的人群也是以土地为核心联结起来的。

首先，在黎族社会早期的家族共耕时期，出于生计的需要，在开垦和耕种土地时人们依靠原始血缘纽带形成父子、兄弟、叔侄等直系或旁系生产单位，从祖辈开始经过一定田地数量的积累，到后面几代将祖辈遗留的田地陆续分化为更多的“合亩”，土地的占有始终不变。其次，在所谓的混合组织“合亩”中，以亲属关系为主体的“合亩”吸纳少量外来户加入，我们看到外来户如果本身有土地，他们与“本家”是一种平等、互助的合作关系。如果是无地的贫苦农民投靠，则是需要经过拜“龙公”的一些仪式，改姓“龙公”的姓，称“龙公”为父，“龙公”之子为兄，以“龙仔”的身份加入该合亩。尽管可以同样参与生产分配，但仍是一种投靠关系，这种关系的结束往往在于几代“龙仔”有了自己耕作的土地。最后，在由地缘或朋友关系形成的“合亩”组织中，几户黎民协商组成共耕单位的前提也一定是各自具有生产资料，才能开展土地的耕种和分配。因此，可以看出，土地始终是“合亩”得以形成的重要条件，“合亩”这一生产单位的组织和运作是黎民基于对土地的占有和耕作，其构成的人群可以是有血缘的亲属，可以是彼此不相干的朋友，也可以是因无地而投靠土地占有大户的龙仔。

当确定了对于“合亩”来说“土地”是最重要的原则和出发点之后，需要进一步分析“合亩”内部人群依附于土地而形成的是什么关系。在本研究看来，黎民在农事生产和社会生活中所形成的以劳动互助、合作的方式克服当时生产技术落后、生产工具缺乏等问题，事实上是一种以“交换”实现结群的策略，从最初的因劳务“交换”在经济生活领域结成的生产组织，到这种“交换”弥散到黎民社会生活的各个方面。

同时，我们要看到，黎族“合亩”所反映出的依附于土地而形成的“交换”关系，具有一定的文化共性，在其他族群中也能找到类似的组织形态。如，云南独龙族社会早期由家族成员组成的“其拉”就是一种家族共耕组织，家族成员通过“夺木枯”（共耕）的形式从事集体耕作，收获物归集体所有，产品实行平均分配，这与黎族“合亩”初期的纯血缘组织较为相似；1950年前，基诺族所保存的父系家庭公社制也是由父系所生的数代子孙所组成，成员大多共居于一个大竹楼房内，实行土地共有、共同耕作和集体消费；① 我们在汉族农村同样也会看到类似的组织形态，人们在农业生产上结成互助组、换工组，以劳务交换的方式轮流共同完成农事工作，等等。因此，可以说，我们看到的“合亩”实际上具有文化的普遍意义，这种交换关系广泛存在于人类社会，只不过在黎族社会早期的生产领域被找到，并被表述为“合亩”罢了。

另外，由黎族“合亩”反映出的这种“交换”关系，不是狭隘地指向经济学意义上的劳务交换，而是一种人类学知识脉络下如莫斯所讨论的如毛利人的“hau”一样，是一种“总体社会事实”，已经渗透到黎民生活的各个领域，而不只是经济、社会文化、政治的单一

① 刘达成：《关于我国一些少数民族父系家庭公社的比较研究》，《思想战线》1985年第2期，第68页。

层面。正如莫斯在对礼物交换进行研究时所言：“所有这些现象既是法律的、经济的、宗教的，同时也是美学的、形态的等。”“它们是总体，是我们试图描述其功能的各种社会体系的全部。”（莫斯，2002）因此，“合亩”制中反映出的“交换”关系代表了黎族社会的一种“整体社会范畴”①，具有实现社会结群和社会再生产意义，表达出该地域社会的运作原则与结群原则。本书将从黎族社会的婚姻交换、仪礼交换的角度，理解这一方面意义，进而认为这种交换体系扩大到黎族村落、峒一级共同体组织，体现出王朝国家时代下黎族社会的建构特征。

第二节 黎族“合亩”社会的结群

一、黎族“合亩”社会的“二元性”特征

“合亩”制是交换关系在黎族社会经济生产领域的重要体现，使我们首先看到了生产组织上人群的结合方式。婚姻交换的社会结群同样是黎族社会重要的结群形式。参照 Shelly Errington（1987）从结群的概念以及结群与婚姻间关系出发，对东南亚部分岛屿提出的二元性（dualistic）与中心型（centrist）两种社会建构模式，本书认为，黎族“合亩”社会是一种交换型结群的建构方式，其人观与社会性建构的逻辑是一种 Errington 称之为“中心二分型”（concentric dualism）的“异”和“交换”的理想，即在结群策略与过程中所追求的“同中求

① 谢国雄：《茶乡社会志——工资、政府与整体社会范畴》，台北“中央研究院”社会学研究所，2003 年。

异"（何翠萍，2011）。

（一）社会建构的二元性（dualistic）与中心型（centrist）

Shelly Errington 在归纳既有民族志对于东南亚部分岛屿社会的叙述之后，认为从结群的概念及结群与婚姻间关系来看，东南亚部分岛屿家屋社会可分为中央岛群的中心型社会和东印度岛群的交换型社会。Errington 提出，中心型社会的结群逻辑是一种"二分中心式"（dualistic centrism）的"同"与"统合"（unity），而交换型社会群体建构的逻辑目标为"中心二分型"（concentric dualism）的"异"（disverse）与"交换"。① 在何翠萍看来，这种结群模式是动态的、有时空条件的，并从强调结群策略与过程的角度，将其进一步归纳为"异中求同"和"同中求异"的社会逻辑。② 这两种家屋社会建构逻辑模式的提出，是 Errington 从东南亚部分岛屿双生兄妹乱伦禁忌神话的流传入手，探讨社会结群的"统合"与"交换"理想所得出的结论。在前一种逻辑中，尽管存在男女性别差异，但仍企图模糊"己"与"异己"的差异，建立同胞兄妹是一家的同构关系，努力将婚姻中的夫妻关系变为兄妹关系，建立一个统合的家。而后一种逻辑虽然认知同胞兄妹的一体关系，但有意识地强调性别差异，将人群分成"己"与"异己"，通过不断与"异己"的联姻交换建构自己，延续家屋的生命力。

受 Errington 提出的这两种家社会建构模式的启发，一些学者从自己的田野研究出发，将其作为理解地域社会形成过程的切入点。何翠萍认为壮族家社会的建构是掩饰婚姻交换而强调统合，通过"异中求同"

---

① Shelly Errington, "Incestuous Twins and the House Societies of Insular Southeast Asia", Cultural Anthropology, 2009, 2 (4): 432.

② 何翠萍：《人、家屋与阶序：从中国西南几个族群的例子谈起》，《区域文化与地方社会论文集》，学林出版社 2011 年版，第 296~342 页。

达到男女同体，象征性地把夫妻变为兄妹，具有浓厚的中心型社会特征。① 而景颇、载瓦的社会建构模式属于中心二分或是“同中求异”，他们强调孕育的力量需要既来自男女的二分与交换，也来自二分的统合，但他们的统合方式是通过交换而造成包藏——男的包藏女的在内的，而不是取代、转换而全然支配的。② 在她看来，同为西南少数族群的班洪佤则是倾向于从异中求统合，或是称之为“求一”的中心型社会，其家屋孕育力量是建立在超越、支配、统合从土地、女性所有的孕育力和给妻者所赋予的孕育力，或是再生产的力量上而产生出来的。③ 郭立新通过对广西龙脊壮人家屋所具有的生命形态及其内部结构的研究认为，其家屋建构逻辑在于“养”，龙脊壮族社会具有中心求同的内在结构特征，即，不以男女间的差异为异，尽力将夫妻看成兄妹，在此背景下形成具有血族特征的两可制，其结群行为以自我的家为中心向边缘扩展。④ 那么地处中国边陲、远离中央王朝统治的海南黎族又是怎样的结群方式？笔者将在下文中进行探讨。

（二）黎族“合亩”社会的“同中求异”倾向

1. 严格的两性分工

黎族“合亩”社会中“家”的构成与延续表现为夫妻之间的劳动合作，并在这一过程中有意识地强调“家”内部的性别意识。1950 年前，黎族社会存在着严格的男女分工。妇女专门从事稻田的插秧、“山栏”地的播种，以及除草、收割、储藏、加工等工作，妇女还是唯一

---

① 何翠萍：《人、家屋与阶序：从中国西南几个族群的例子谈起》，云贵高原的亲属与经济讨论会，2000 年。

② 何翠萍：《人、家屋与阶序：从中国西南几个族群的例子谈起》，《区域文化与地方社会论文集》，学林出版社 2011 年版，第 318 页。

③ 何翠萍：《人、家屋与阶序：从中国西南几个族群的例子谈起》，《区域文化与地方社会论文集》，学林出版社 2011 年版，第 323 页。

④ 郭立新：《折冲于生命事实和攀附求同之间——广西龙脊壮人家屋逻辑探究》，《历史人类学学刊》第六卷，2008 年，第 173~218 页。

掌握制陶技术的劳动者。男人负责犁耙田、整田埂、选地、砍山、焚园、围篱、挑稻、搭晾稻架、养牛、打猎、建房、编织。1950 年后，这种特定历史条件下形成的自然分工有所改变。目前，田里的活，如播种、插秧、除草、种稻等一般为女人负责，犁田、耙田一般由男人来做，而收割、加工、储藏等工作已不分男女，大多由男女共同完成。其他生活上的事情，如建房、养牛、宰杀牲畜等重活交给男人，女人基本上负责洗衣、煮饭、织锦、酿酒等。在他们看来，现在家内大部分劳动可不必限定性别，但个别事情还是男人碰不得的，这是他们要一直遵守的传统。

因此，历史上黎民有很强的性别分工观念，不仅是最初的自然分工，也是逐步在文化上将这些分工建构为"男人干的活"和"女人干的活"，如果男人干了女人负责的工作，就会被人讥笑。现阶段，人们仍有意识地强调男女在家内劳动中的差异，如织锦、酿酒、制作节日食物等还是要女人来完成。笔者在田野考察中看到，村中有个别男孩子跟随母亲学习织锦，多少会受到当地人的议论，在他们看来只有没出息的男人才会做这些工。

2. "玩隆闺"与缓落夫家

1950 年前后的一段时间内，黎族仍居住在茅草房。按照黎族社会的习惯，当家中儿女长到十四五岁时，父母一般会为他们单独准备一个较小的茅草房，有的在父母住房边搭建，有的在村头、村尾僻静处或村谷仓边搭建，供村中青年男女居住，这种房子黎语称为"隆闺"（$plo\eta^3$ kui^3），意为"不设灶的小屋"。"隆闺"有兄弟隆闺与姐妹隆闺之分，兄弟隆闺由男孩子自己上山备料建造，姐妹隆闺一般由她们的父母帮忙建造。

"隆闺"一方面为少男少女提供不与父母同住的场所，另一方面也是黎族青年男女对歌、交往、寻找意中人的婚恋场所。黎族青年男女白天和家人一起下地干活，晚上吃过晚饭后，便三五成群地到"隆闺"唱情歌、吹鼻箫，交往有一定感情的便可留宿，确定情侣关系。大致经过半年至两三年时间，男女双方情投意合后，各自向父母提出成婚意愿，如果父母同意，男方便会让家人到女方家说亲，进入谈婚论嫁的阶段。如果双方不满意就分手，彼此互不干涉。据村民回忆，在20世纪60年代以后，随着茅草房逐渐被淘汰，村中建起平顶房或瓦房，这种“玩隆闺”的习俗也逐步消失。但至今，村中很多年长的黎人仍有年轻时“玩隆闺”的记忆。

当黎族青年男女缔结婚姻后，在黎族社会又存在着另一种“缓落夫家”的婚姻习俗，又被称为“不落夫家”。这是指妇女在结婚后，不是马上住到男方家中，而是在娘家居住一两年或更长时间，丈夫只在农忙或有重要事时才接妻子去夫家帮忙、生活数日，一直到妻子怀孕后，女方才回到男方家中常住，夫妻双方真正组建起新家庭。女方在“缓落夫家”期间，享有自由交往的权利，她可以和别的男子进行社会交往，而不受社会的谴责。黎族社会在1950年后仍受这一风俗的影响，即妇女结婚后虽然不是马上就到男方家居住，但经常在男方家和娘家之间走动，回到娘家的时间也只有几个月或是半年左右。并且此时“缓落夫家”的妇女已被禁止与其他男子交往，否则会受到社会的谴责和夫家的惩罚。

从表面上看，按照Errington对家社会建构模式的解释，黎族“缓落夫家”的习俗表明黎族男女在婚后较为回避两性关系。婚姻关系在建立之初，夫妻双方的性关系是受到限制的，直至女方怀孕后，才开始正常的家庭生活，这似乎带有努力将婚姻中的夫妻关系变为兄妹关系、强调家的统合的意味。但从黎族社会整体的性别观念来看，无论男女双方婚前“玩隆闺”，或是女方婚后落入夫家，黎族男女的性爱相对自由。尤其是在婚后女人缓落夫家期间，夫妻双方各自交往自由，完全不受与配偶以外其他异性交往的限制，直至女方怀孕后，女方才坐稳夫家，真正建立夫妻共同经营的“家”。这表明在黎族观念中，人们较为强调男女两性的性别意识，凸显出以男女两性的结合建构家庭的观念，这种结合可以理解为直至女方怀孕、孕育属于夫妻共有的子嗣才坐稳夫家，将无性的男女关系——兄妹——转换为有性的男女关系——夫妻，同时也体现出黎族社会对于生育和繁衍的看法。

此外，“合亩”地区的“缓落夫家”也表现出与中国西南地区族群的不同之处，即除了一般意义上理解为婚后夫妻之间性关系的回避态度外，更重要的是体现出，黎族男女双方在婚前、婚后始终属于各自所在的血亲集团，黎族婚姻缔结本质上是给偶方与讨偶方两个集团之间的交换，当婚姻破裂时，交换随之结束，男女双方便回到所属的集团。因此，黎族社会亲缘关系的建构是拉锯在讨妻者与给妻者之间，这是黎族合亩地区所特有的。

3. 女性婚后仍属于给偶方集团

按照1950年前“合亩”社会的习惯，黎族妇女出嫁后仍与娘家保持十分密切的关系，可以不必为自己的丈夫洗涤和缝补衣服，但却有为自己已婚的兄弟和儿子缝洗衣服的义务。① 在通什毛道乡的个体家庭中，若妻子患重病，一般都送回娘家，尽可能使她不在夫家病逝。如果妻子患急病来不及送回娘家而死于夫家的，要将其尸体抬回娘家，埋葬在娘家祖先的公墓地里。如果夫家离娘家的路程太远，尸体无法送回娘家时，也得由其娘家的亲属到夫家主持葬礼，而且，死者的遗物必须送回娘家，由其兄弟继承。②

这种现象在1950年前“合亩”制地区黎族的仪式上也有所体现。当已婚妇女遭遇生病或难产需举行黎族传统“做鬼”仪式时，要请娘家“鬼公”来祭祀本氏族祖先的鬼魂。妇女死后，不仅要埋在娘家的墓地上，其侄儿及其后代还要把其作为本氏族的祖先鬼而加以崇拜。在田野考察中，村民不仅向笔者回忆起这一习俗，同时强调在现今的“做鬼”仪式中，仍要区分夫妻双方所属集团的“鬼公”，道公主持的

---

① 海南省民族文化网，http：//www.hnmzwh.org。

② 《通什市志》，海南史志网，http：//www.hnszw.org.cn/data/news/2011/08/49854/。

仪式是分别祭祀夫妻双方各自氏族祖先的鬼魂。①

由上可见，黎族“合亩”社会的亲缘关系通过给偶方与讨偶方的交换建立起来，其己群世界的建构是由建立异己而产生，是通过建立一个异己制造交换而产生，因此，其社会始终强调黎族男女在婚前、婚后分属于不同的血缘集团。这表明，黎族社会以求异的意识形态结群，并不断地在做化同为异的努力，尽力凸显群体之间、性别之间的差异，体现出 Errington 对东印度岛群社会所归纳的“二分性”特征，这便是黎族“合亩”社会的建构策略。

为此，二分求异逻辑下的黎族社会以“合亩”所体现的互助合作的交换关系为基础，在求异的社会氛围下，通过“己群”与“他群”的持续互动、给偶方与讨偶方间的婚姻交换，伴随各类仪礼交换、人们对劳动成果的共享，来维持整个地方社会的秩序，并保持社会再生产的延续。本书接下来将讨论黎族社会内部仪礼交换对社会结群的影响。

二、劳动互助、仪礼交换与“合亩”社会结群

在黎族“合亩”制地区，除了农作生产方面存在亩内成员、“合亩”与“合亩”之间的劳动互助之外，在日常生活中，特别是在各种岁时礼仪、生命礼仪中，黎族也常通过互助与仪礼交换将“合亩”社会的血缘、姻缘关系以及我群与他群关系扣联起来。通过在仪礼情境中，社会结群主体之间和群体内部对劳动成果的交换与共享，对黎族地方社会的结群与社会关系的再生产产生重要影响。

在 1950 年前通什地区黎民的结婚仪式上，整个仪礼的参与范围从给偶方、讨偶方扩大到双方所在的“合亩”，乃至整个村落。除了村中较年轻的黎族男女会组成姐妹或兄弟团陪伴新人外，其他人都会帮助主家操办宴席，包括煮饭、做菜等，倾力参与到婚礼之中。因此，黎族仪

---

① 来自笔者的调查资料。

礼宴席的规模相当之大，热闹非凡。在田野访谈中，村民仍很骄傲地向笔者讲起当年村中举办婚礼的场景，黎族青年男女通宵喝酒、对歌，两个村的村民共同分享这种喜悦，也常常在婚礼中促成一些情投意合的恋人。

在黎族婚宴的操办中，本“合亩”及本村人之间的劳务互助必不可少，同时存在着以生稻米和酒为礼物与食物的仪礼交换。这种交换的意义在于，一方面作为沟通黎族社会我群与他群关系的媒介，另一方面使人们在对食物的共享中巩固这种社会关系。1950 年前，来参加婚礼的村民，一般都会带来生稻米 1~2 斤和酒 8~10 斤，尽管送礼无统一约定，但举办方收到后都会记在礼单上，预备下次还礼。按照黎族社会风俗，婚后第 4 天为新娘回娘家的日子，她们通常从夫家带鱼、肉“回门”，同时要挑上一坛糯米酒，进村口后，看到同村人会倒酒给他们喝。在当日下午 4 点前，新娘要返回夫家，这时一般会从娘家带些米或米制品如粽子等给夫家村落中的亲戚。

与婚礼相类似，在黎人的葬礼上，来参加的村民也会带来米和酒。按照村民的说法，他们在死者去世后连续 5 天的守灵期间，是不准吃米的，吃米表示对死者不敬，只能以番薯、野菜、面粉类的食物充饥，但可以喝酒，每天都会有亲戚“抬酒”来，办事的族人亲戚大家一起连续几日饮酒。同时，在逝者的周年祭日，主家会用糯米制作“粑粑”，分给族内亲戚。因此，黎人通过红白仪式上群体之间对礼物的共食与共享，实现黎族地方社会连接的意义。同时，黎人较为看重的同族、同村人在宴席上对食物的集体共食，很大程度上强化了黎族村庄的整体性，村落社会内部团结与稳定得以完成。

除婚丧仪式外，在黎民日常生活中的大事，如入住新房当天，人们也会做糯米粑粑，将吃完后的叶子插在茅草房墙上，据说是表达祈福之意。此外，在黎民出生、满月等人生礼仪，或是在春节等重要的岁时礼仪中，生稻米、熟稻米和酒不仅是家家户户不可缺少的，同时也是探亲访友的必备礼物。因此，米或更精致的米制品本身，如糯米粑粑、酒，作为礼物与食物对于黎族社会的人观与人群关系的建构具有重要意义，它们不仅维持群体内部的亲缘关系，同时也是群体之间沟通的媒介，人们通过对米、酒的共享实现给偶方、讨偶方与父系的家的亲缘关系的连接。

三、“番”、“峒”的组织与运作

黎语称黎族聚居点为“fa:n^{33}”（音“番”），意译为“村”，大多以动植物命名。据村民讲，笔者所调查的番茅村，因村民定居时村内生长很多茅草而得名。

在通什“合亩”制地区，黎族村落是以“合亩”为构成单位紧密结成的共同体，一个村包括几个“合亩”，个别村仅有一个“合亩”。全村基本为一个血缘集团，外来户加入后即认为属于同一家族成员，祭拜同一祖先鬼，意为同胞兄弟关系，彼此不能通婚。因此，村落内成员之间大多有“同村又同亲”的观念。1950年前的黎族社会调查曾发现，由于山区黎族生产落后，一些依靠刀耕火种、以“砍山栏”为生计的黎族村落，常常因生计原因整个村庄迁徙，使得调查者若干年后再访时很难找到原来的村落，这说明黎族村落内部有很强的整体性。

黎族村落规模大小及布点疏密，往往与当地耕地的多少或耕地的分布有较大关系。乐东盆地的侾黎村落和东方县昌化江中、下游一带河谷地的美孚黎村落村民户数在百户以上很普遍，个别还有达到二三百户。能形成这样的大村庄，除了当地耕地面积宽阔外，还有据说过去为了人多可以有充足力量进行自卫等原因。沿海接近汉族地区的陵水、崖县两地的侾黎村多在三十户上下，个别有七八十户。而通什山区地带的杞黎村落一般只有二三十户，五六十户的很少，村落距离多在3~5公里。①

---

① 刘耀荃：《海南岛黎族的住宅建筑》，广东省民族研究所，1982年，第40页。

前文提到亩头与亩众结成“龙公”与“龙仔”的依附关系在村落之间也会存在。当遇到战争威胁时，整个村庄会集体投靠势力强大的村庄来保护自己。相类似的，集体投靠他村的人也需认势力强大的村庄的人（此人被公认是辈分最高最有威望的亩头）为父或兄，每年都要送一些礼物（酒和猪肉等）给势力强大的村庄，作为维持关系的代价。① 另有村内许多与原住居民没有血缘关系的外来户，多是“龙仔”、“工仔”，他们经过两三代之后，有些从“龙公”的“合亩”中分离出来，单独组成一个“合亩”或一个村庄。

与通什地区的“合亩”是在亩头的领导下运作一样，每个黎族村都有一个“头人”，是村落的自然领袖。他们没有凌驾于群众之上的特殊权力，主要作用是在平时劝诫民众好好生产，同时处理本村或本血缘单位内的纠纷。“村头”为群众办事，一般没有报酬，但若处理较大的纠纷，有时由当事人给以酒、肉酬谢。根据毛道乡的调查，“村头”黎语叫做“亚雅”。“村头”不是选举或委任的，而是辈分最长的，懂事理，能为群众解决纠纷并表现出个人能力的人，就会被群众公认为“村头”。有的“村头”兼任“亩头”，如果一个村是一个“合亩”的，这种情况更多。② 当一个村包括几个“合亩”时，“村头”便由最长辈的一个“亩头”担任。“奥雅”也是黎族对村中公众领袖的称呼。在番茅村调查中得知，通什地区黎族一般称自己的父亲为“巴雅”（p ‘a ja），称母亲为“比雅”（pi ja）。“奥雅”（ŋau ja）是黎语的译音，“奥”是指人，“雅”指“老”，“奥雅”就是老人的意思，后演变为指称村中年老正直的人，受人尊重，当村中有争吵纠纷时，会请他们出面处理。

另据冲山镇番香村黎民讲，“帕里帕玛”也是村民对头人的称呼，

① 海南省地方志办公室编：《海南省志·民族志》，南海出版公司 2006 年版，第 149 页。

② 广东少数民族社会历史调查组：《海南黎族社会历史情况调查资料》第四册，1958 年，第 29 页。

“村中大小事务归他管，如果村遇到外来威胁，他们会与其他村帕里帕玛共同商量解决”。番香村书记曾听老人提起，“帕里帕玛”的地位很高，普通人不能与之同坐，能够给人治病。“帕里帕玛”常常是被培养并选拔出来的，只有勤劳、能干的人才有资格担当，并非因家中有钱才能做的，也不是世袭的。①

清代时，封建势力进入黎区，设立了完整的统治机构，黎村的头人被称为“头家”。“头家”需经过“哨官”、“总管”的批准才能产生，并获得管理村中事务的权力。在处理村内事务时，“头家”需服从“哨官”、“总管”。“总管”一般是管一个峒或数个峒，“哨官”管数村，“头家”管一村。清代《黎岐纪闻》云：“黎头辖一峒者为总管，辖一村或数村者为哨官，凡小事由哨官处断，大事即报总管，总管不能处断，控告州县。”处事完毕，除备酒菜宴饮外，还需要送酬物给“哨官”或“总管”。②

在社会生活方面，黎族的“番”内实行严格的外婚制，对于与其他村落的联姻，也要确定是否属于不同的血缘集团，才能通婚。在前文曾提到，黎民在婚事操办上整个“合亩”甚至整个村都被动员起来，承担起操办仪礼和宴席的任务，提供整个仪式所需的劳务。因此，在结婚当日，男女双方所在的村落里的全村人都会来参加，共同饮酒、对歌。在他们看来，“一家的事便是全村的事”，即使是非同一“合亩”成员的同村人，也都会参与其中。

在丧葬方面，每个“番”都有自己的坟山，死去的人被葬在村内的公共墓地。死者被埋葬后，死者家属即以酒宴招待挑酒吊丧的外方亲戚，同村男女、同血缘的外村亩头和其他人都来喝酒，非同村而同血缘的人可以不来，但亩头一定要来。在人死当年的最后一个月举行“周年”祭，当天，死者亲戚挑酒、米前来吊祭。黄昏时，埋葬时负责引

---

① 来自笔者的访谈资料。

② 中南民族学院：《海南岛黎族社会调查》，广西民族出版社 1992 年版，第 80 页。

路、带鬼、抬棺材、拿陪葬品的人先到河里洗头，同村男女也相继到河里洗头更衣，男子穿上白吊帘，用新的带子束髻（即把头发束在前额上），并在颈上戴上一女用项圈。这种仪式含有脱孝服的意思。做“周年”活动和发丧时一样，全村男女及同祖先各村的亩头都来吊唁、喝酒，从晚上直至翌日的黄昏。①

因此，在“合亩”制地区，黎族村庄具有较强的整体性。这种地域共同体的建构除了是以血缘关系为纽带之外，很大程度上在于经济生产领域基于土地而形成的劳务交换关系延伸到黎民社会生活之中，地域人群结合的范围也从“合亩”扩大至整个村落，并通过各种仪式不断强化和再生产这种关系。

此外，在“合亩”、“番”之上的地域组织黎语称为“kom^6”，汉语音译为“弓”或“峒”，它以共同地域、血缘为基础，具有一套世代传承的较为完整的行动准则。1950 年前在今五指山、保亭、琼中一带仍有保留。

一般来讲，一个峒由若干村组成。通什地区的毛道乡历史上被称为毛道峒，由文团、抗班、抱曼、南冲、抗公、抗茅、抗律 7 个村组成。番阳乡也是一个峒，共包括 23 个自然村。②

据文献记载，早在汉代以前，黎族的峒组织就已形成。那时候，黎族先民靠“刀耕火种”的原始锄耕农业为生。这种砍倒烧光的耕作依赖于特定地域和特定森林，各部落在锄耕农业的生产过程中，逐步认识到土地的重要性，产生了地域所有观念，于是以血缘为纽带和以一定地域为基础的峒组织便开始形成。

汉武帝时期，封建中央王朝在海南岛设立儋耳郡、珠崖郡，而黎峒组织与中央王朝呈对立状态，并未接受其统治。梁大同年间，儋耳一千

---

① 《通什市志》，海南史志网，http：//www. hnszw. org. cn/data/news/2011/08/49854/。

② 五指山市地方志编纂委员会：《通什市志（第十七编民族）》，方志出版社 2009 年版。

余峒黎人归附“南越首领”高凉郡冼夫人。据《北史·谯国夫人冼氏传》卷91载：“越人俗好攻击，夫人兄南梁州刺史挺恃其富强，侵掠旁郡，岭表苦之。夫人多所规谏，由是怨隙止息，海南儋耳归附者千余峒。”至此，中央王朝通过“南越首领”冼夫人，开始与黎族社会政治组织“峒”发生间接联系。到了隋唐时期，开始有黎峒直接归附中央王朝，接受封建统治。据《旧唐书·宪宗本纪上》卷14记载，元和二年（807年）四月，“岭南节度使赵昌进琼管儋、振、万安三州六十二洞归降图”。

宋代时期，岛内黎峒林立但规模较小。当时苏轼诗云：“四州环一岛，百峒蟠其中。”① 这一时期，沿海一带的黎族已经接受封建王朝统治，有的已渐渐汉化，而在通什山区一带的黎族社会则尚处在原始社会中后期阶段，人口较少，但诸峒林立。《诸蕃志·海南》卷记载了黎峒的一些情况，崇宁间（1102—1106年）王祖道抚定黎人就达907峒，可见宋代黎峒数目之多。当时，峒与峒之间，各自为政，互不相属，“咸无统属，峒自为雄长”。② 与此同时，宋代诸黎峒之间也出现了一种松散政治联盟，产生了一些有一定权威和影响力的首领。其中，最著名的有制服36峒的都统领王二娘、率领80峒的王仲期等。

峒有固定的地域，一般以山岭、河流为界，并且立碑、砌石或栽种树木、竹子等作为标志。峒与峒之间的界线是自古代就划定的，不得随意侵犯，全峒人都有保卫峒域的职责。如若到别的峒种山栏、采藤、伐木、渔猎等，一定要征得该峒峒首以及其他头人的同意，并缴纳一定数量的租金或礼物。未经同意，将被视为对对方权利的侵犯，往往会因此而酿成冲突或械斗。据载，19世纪末期，毛枝峒有人想到毛道峒开荒种田，便请毛枝峒峒长挑着一缸酒和一头二三十斤重的猪，送给毛道峒

① 苏轼：《戏作》，《东坡全集》卷24。

② 海南省民族文化网，http：//www.hnmzwh.org。

峒长。毛道峒峒长约请本峒的两个亩头一起喝酒商议，最后同意了毛枝人来毛道峒开荒的请求。①

在黎族社会初期，峒内成员为同一血缘集团，他们之间严禁通婚。后来随着经济发展和峒规模的不断扩大，峒内开始存在两个以上可互相通婚的血缘集团，血缘关系逐渐被经济和地缘关系取代，但峒内各血缘集团仍保留着各自的公共墓地和共同的祖先崇拜。

在峒的内部，成员的行为都有一定的规范，如对峒的疆界有保卫责任；峒内成员间有相互援助和保护的义务，受到外峒人欺侮时，必须为其复仇；共同负担械斗时向外请援兵的费用；选举、罢免或继承村峒的首领等。

峒与峒之间一般都保持着友好的关系，主要体现在以下几个方面：互相通婚，结成婚姻集团；在生产或生活上，如农忙、婚丧、建房等要互相支持或帮助；与其他峒或别处发生纠纷、械斗时，峒与峒之间相互支援。

综上所述，从外部来看，古代黎族社会以“峒”、“番”、“合亩”三级组织架构实现本地域社会的自治，且这三种组织形态具有某种同构性特征。但从内部来看，实现黎族社会整合与秩序稳定的力量在于黎民之间结成的各种“交换”关系，而最重要的体现在于人们紧紧围绕土地而形成的“合亩”制，这种劳务互助、合作关系已延伸到黎民社会生活的各个领域，成为黎族社会的一种整体性社会范畴，具有结群与社会再生产的意义。那么，古代黎族“合亩”社会是否依赖于此实现自治与稳定，当遭遇王朝国家和市场力量的外部冲击时又是如何应对？本书将在下节逐一展开讨论。

---

① 海南省民族文化网，http：//www.hnmzwh.org。

第三节 宋代海南的海洋贸易活动

一、宋以前南海“丝绸之路”的开辟与发展

自汉代开始，海南岛逐步参与到南海的海上贸易活动。除了人们熟知的起于中国，经过中亚、西南亚直至欧洲，将亚欧大陆连接起来的路上通道“丝绸之路”外，汉代的海上交通也得到发展，不少海外国家和地区凭借南海航线与汉王朝发生联系。史籍中曾对西汉时期南海航线有比较完整的记录：

> 自日南障塞、徐闻、合浦船行可五月，有都元国。又船行可四月，有邑卢没国。又船行可二十余日，有谌离国。步行可十余日，有夫干都卢国。自夫甘都卢国船行可二月余，有黄支国，民俗略与珠崖相类。其州广大，户口多，多异物，自武帝以来皆献见。有译长，属黄门，与应募者俱入海，市明珠、璧流离、奇石异物，赍黄金，杂缯而往。所至国皆禀食为耦，蛮夷贾船，转送致之……自黄支船行可八月，到皮宗。船行可二月，到日南、象林界云。黄支之南，有已程不国，汉之译使自此还矣。①

由上得知，这一航线是从我国雷州半岛出发，经东南亚各国，即今越南、泰国、马来西亚、缅甸，直至远航到印度洋和印度半岛地区去换取物产，这一海上通道也就是最早见于史书的南海“海上丝绸之路”。

---

① 《后汉书》卷28下《地理志》下。

其中提到的“珠崖”便是汉武帝平定南越后，在海南岛所设的“珠崖、儋耳”两郡之一。因此，有理由相信，在汉朝时，海南岛已与南海“丝绸之路”一同发挥着中外海路交通的要道作用。

到了南北朝时期，尽管中央王朝对海南的统治相对较弱，但海南沟通中国与东南亚各国贸易往来的中介作用并未减弱。考古工作者曾于1975年在西沙群岛东北礁盘上发现了不少南朝的青釉陶六耳罐、小杯，这证明了当时已经开辟了一条沿海南岛东部海岸经西沙群岛北礁直达东南亚国家的南海航线。①

隋唐时期，随着冯冼家族对岭南地区的抚定，中央王朝对海南的统治加强，开始有黎峒直接归附中央王朝，岛内社会生产得到发展。再加上自唐朝开始，南海地区形势发生变化，我国与南海各国的贸易往来增多，进一步活跃了海南与东南亚各国的对外贸易活动。当时，广州港已成为通商往来的重要港口，各国蕃舶云集广州，人称“舶交海中”“不知其数”，并有“常闻岛夷俗，犀象满城邑”之称。② 唐人贾耽曾在《广州通海夷道》中记录了以广州为起点通往西方的海上航线情况：

> 广州东南海行二百里，至屯门山，乃帆风西行二日，至九州石（今海南岛东北角），又南二日至象石（今海南岛东部的独珠山），又西北三日行，至占不劳山（今越南岘港东南的占婆岛）……又西北陆行千里，至茂门王所都缚达城（巴格达）……③

在学者看来，这条航线将东亚、东南亚、南亚、波斯湾、西亚、阿拉伯半岛和东非沿岸的重要海港连接在一起，形成了一条亚非洲际海上

---

① 郝思德：《’96西沙群岛文物普查的新收获》，广东炎黄文化研究会：《岭峤春秋——海洋文化论集》，广东人民出版社1997年版，第304页。

② 陈炎：《南海丝绸之路与中外文化交流》，《海上丝绸之路与中外文化交流》，北京大学出版社1996年版，第83页。

③ 欧阳修等：《新唐书》卷43下《地理志》，第1150页。

大动脉。① 这一航线也同时表明唐代海船先在广州出发，在离开中国大陆之后，并非沿海岸经徐闻、合浦去东南亚，而是直接经海南岛的东北角，沿海南岛东部海岸经西沙群岛直抵东南亚地区，大大缩短了航程。正是这种有利的地理位置，扩大了海南对外的经济交往与联系。② 因此，唐中叶以后，在海南岛东部“海上丝绸之路”繁荣的带动下，中央王朝对海南的注意力也随之由原来的西部转为东部，并着力开发海南岛的东北部、东南部地区。

二、宋代琼岛海外贸易的展开及其影响

海南自唐代开始卷入东西海上贸易之中，但这种卷入还是有限的，海南海外贸易的更大发展是在宋代，即借由香料、牛只的商贸往来，海南卷入广州至阿拉伯的长程贸易体系和北部湾贸易网络之中，③ 并对岛内经济文化产生影响。

（一）岛内航线的发达与港口的兴起

入宋以后，海南与内陆贸易主要有三条航线。④ 一是雷州到海南，从徐闻县递角场出发，“一帆济海，半日可到”。⑤ 二是广州到海南。据朱初平奏章上说，广州是“外国香货及海南客旅所聚”之地。⑥《宋史·张鉴传》中载有张鉴在广州时，“有亲故谪琼州，每以奉米附商舶

---

① 陈炎：《南海丝绸之路与中外文化交流》，《海上丝绸之路与中外文化交流》，北京大学出版社 1996 年版，第 87 页。

② 邓敏锐：《明清海南岛海外贸易研究》，暨南大学硕士学位论文，2005 年。

③ 林天蔚：《宋代香药贸易史稿》，香港“中国学社”，1960 年，第 92~103 页。

④ 黄纯艳：《宋代海外贸易》，社会科学文献出版社 2003 年版，第 282 页。

⑤ 周去非著，杨武泉校注：《岭外代答》卷 1《边帅门》，第 45 页。

⑥ 李焘：《续资治通鉴长编》卷 310，上海古籍出版社 1986 年版，第 2904 页。

寄之”。① 三是泉州到海南。古代海南不仅仅与广州通航方便，随着泉州港兴起，两地商船往来也较为方便，如宋时泉舶“岁杪或正月发舟，五六月间回舶，若载鲜槟榔搀先，则四月至”。② 由此可见，优越的地理位置与发达的海上航线为海南岛参与海上贸易提供了便利条件。

宋代时，澄迈的石攫港已成为商船停泊的重要港口，它既是海南与大陆的进出海港之一，同时也是东西往来海舶中途避风和候风的良好港湾，因而成为海舶荟萃的寄泊处。③ 据《太平寰宇记》载，商船从琼州经崖山、新会县而至广州，“如无西南风，无由渡海，却回舡本州岛石攫水口驻泊处，次年中夏西南风至方可行船”。④ 赵汝适的《诸蕃志》中也有记载：“海口有汉两伏波庙，路博德、，马援祠也，过海者必祷于是，得环珓之吉而后敢济。属邑五：琼山、澄迈、临高、文昌、乐会，皆有市舶。于舶舟之中分三等，上等为舶，中等名包头，下等名疍船。”⑤ 这表明宋代时岛内已有多处供贸易往来停泊的港口，为海南海上贸易活动的活跃创造了条件。

（二）香料贸易的兴盛

《诸蕃志》为记载宋代海南的风土物产、文教风俗的重要史料，其中尤其关注到海南香料，“海南土产，诸蕃皆有之，顾有优劣耳。笺沉等香，味清且长，敻出诸番之右，虽占城、真腊亦居其次”。⑥

---

① 脱脱等：《宋史》卷 277《张鉴传》，中华书局 1977 年版。

② 赵汝适：《诸蕃志》卷下《志物·海南》，中华书局 2000 年版，第 217 页。

③ 邓敏锐：《明清海南岛海外贸易研究》，暨南大学硕士学位论文，2005 年，第 9 页。

④ 乐史：《天平寰宇记》卷 169《岭南道十二》，中华书局 2000 年版。

⑤ 赵汝适：《诸蕃志》卷下《志物·海南》，上海古籍出版社 1987 年版，第 19~23 页。

⑥ 赵汝适：《诸蕃志》卷下《志物·海南》，上海古籍出版社 1987 年版，第 26 页。

事实上，海南香料的质优早已引起朝廷和商人的关注。苏轼在《沉香山子赋》中称赞海南香：“矧儋崖之异产，实超然而不群……顾占城之枯朽，宜爨釜而燎蚊。”① 《岭外问答》卷7《香门》中也有记载：海南上等沉香“价与白金等……唯登流眉者可相颉颃”。因此，每年难以数计的商船往来琼岛，将香料贩往大陆及海外各国，极大地刺激了岛内的香料生产。

丁谓（966—1037年）本为宋真宗时代权臣，在仁宗即位后被贬谪海南，谙熟香料。丁氏记录道：

> 大中祥符初，奉诏充天书扶持使。道场科醮无虚日，永昼达夕，宝香不绝，乘舆粟谒则五上为礼（真宗每至玉皇真圣祖位前，皆五上香也）。馥烈之异，非世所闻。大约以沉水、乳香为末，龙香和剂之。②

除了史载中香料满足宋代宫廷“道场科醮无虚日，永昼达夕，宝香不绝”的需要外，香料还有重要的财政意义。据林天蔚考证，宋太宗、宋真宗两朝，香药每年收入约五十万贯，时全国总收入在一千六百余万贯至二千六百余万贯。在宋代三百年中，各国来朝贡香药以真宗时最多，共达四十二次。③

丁谓《天香传》中记录了海南黎峒之人采香与贸香的情况：

> 上圣即政之六月，授诏罢相，分务西洛，巡遣海南。忧患之中，一无尘虑，越惟永昼晴天，长霄垂象，炉香之趣，益增其勤。素问海；南出香至多，始命市之于闾里间，十无一有。假版官裴鹗者，唐宰相晋公中令公之裔孙也，土地所宜悉究本末。且曰：“琼

① 《苏东坡全集》卷33《沉香山子赋》。

② 丁谓：《天香传》，陈敬：《陈氏香谱》卷4，上海古籍出版社1991年版。

③ 林天蔚：《宋代香料贸易史稿》，香港“中国学社”，1960年。

管之地，黎母山酋之，四部境域，皆枕山麓，香多此山，甲于天下。然取之时，售之有主，盖黎人皆力耕治业，不以采香专利。闽越海贾，惟以余杭船即市香。每岁冬季，黎峒俟此船，方入山寻采，州人徙而贾贩，尽归船商，故非时不有也。”①

这段史料表明，虽然当时海南盛产香料，但黎人仍以农耕为主，“非时不采”，只在闽浙商人来购买香料时，才“入山寻采”，故香料“非时不有”。

但到了南宋时期，如林天蔚分析，香料价格昂贵，加之渡江之后，版图日蹙，收入减少，香药的收入占朝廷财政收入的1/20~1/10。② 香料在财政中所占比重高于北宋时期，因此在南宋赵汝适所著的《诸蕃志》中，贸香已成为黎人主要的生计来源之一：

（海南）环拱黎母山，黎獠盘踞其中，有生黎、熟黎之别。地多荒田，所种秔稌，不足于食，以薯芋杂米作粥糜以取饱，故俗以贸香为业。③

这同时说明，随着宋代海外贸易的发展，香药、宝货在社会各阶层的广泛使用刺激了对香药的消费需求，海南沉香等物运至杭州可获十倍之利，在厚利驱使下，很多人放弃稻作，成为香药种植专业户，④ 这在很大程度上影响了海南岛内的经济结构。

总体而言，海南在宋代已被纳入更为广阔的岭南区域经济交流版图

① 丁谓：《天香传》，陈敬：《陈氏香谱》卷4，上海古籍出版社1991年版，第29~30页。

② 林天蔚：《宋代香料贸易史稿》，香港“中国学社”，1960年。

③ 赵汝适：《诸蕃志》卷下《志物·海南》，上海古籍出版社1987年版，第19页以上。

④ 黄纯艳：《宋代海外贸易》，社会科学文献出版社2003年版，第278页。

之中，其中，岛内的香料贸易成为广州至阿拉伯长程贸易路线中的重要内容，并将黎峒社会与朝廷的财政体系紧密连接起来。值得关注的是，贸香活动对五指山腹地黎区的影响虽不及对琼岛外围东部、南部地区的影响大，但黎民同样参与到商贸活动之中，日常生活也受到这一贸易往来的影响，其交换活动主要在岛内与省民交易，即“每遇五、七日，一区黎峒贸易”,① “每遇寅酉出城贸易”,② 黎人以沉香、缦布、麻皮等特产换取省民的盐、铁、鱼等，从闽浙湖广而来的岛外商人则从省民手中购买香药等物。因此，可以说，宋代时期海南岛中部的黎民也间接参与到海南的海上商贸体系之中。

（三）牛只贸易往来

除香料外，牛只也成为宋代岛内的重要商品。《宋史·食货志》中记载：“高化商人不至，海南遂乏牛米。”“（商船）自高化来者，唯载米包、瓦器、牛畜之类。”③ 这表明，在当时海南的牛和米是岛内稀缺的，且主要由高州、化州运入。

牛只作为商品输入海南岛，不仅极大地变革了海南的农业生产方式，同时对岛内黎族地方社会风俗的形成与延续也有着深远影响。“屠牛治病”的黎族风俗在北宋苏轼贬谪海南时所著的《书柳子厚牛赋后》中有完整的描述：

> 岭外俗皆恬杀牛，而海南为甚。客自高化载牛渡海，百尾一舟。遇风不顺，渴饥相倚以死者无数，牛登舟皆哀鸣出涕。既至海南，耕者与屠者常相半。病不饮药，但杀牛以祷，富者至杀十数牛。死者不复云，幸而不死，即归德于巫。以巫为医，以牛为药。间有饮药者，巫辄云：神怒，病不可复治。亲戚皆为却药禁医，不

---

① 《清波杂志》卷7。
② 道光《琼州府志》卷29。
③ 《宋会要·食货》。

> 得入门，人牛皆死后而后已。地产沉水香，香必以牛易之黎。黎人得牛者皆以祭鬼，无脱者。中国人以沉水香供佛燎帝求福，此皆烧牛肉也，何福之能得？哀哉，予莫能救。故书柳子厚牛赋，以遗琼州僧道赟，使以晓谕其乡人之有知者，庶几其少衰乎。庚辰（即元符三年，1100年）三月十五日记。①

此文显示，海南的牛主要从高州、化州输入，由于当地“以巫为医，以牛为药”的风俗，海南对牛有一定需求量。而这一风俗一直延续至中华人民共和国成立初期，在五指山中部黎人的“做鬼”等仪式中仍对牛有一定消耗。同时，苏轼也提到了“香”与“牛”的关系，沉香用以“供佛燎帝求福”，“香必以牛易之黎”，即高、化商人向黎人购买沉香，并以牛作为交换，而黎人将牛用于祭祀。高、化二州位于高雷半岛，高雷半岛面临北部湾，因此，这种香与牛的交换表明了宋代时海南已参与到北部湾的贸易网络之中。

贺喜曾以历史上朱初平在“上海南税事疏”重新制定商船征税规则的记载，论证了历史上高州、化州的商人活动与海南岛日常生计息息相关。② 朱氏曰：

> 海南收税定舟船之丈尺量纳，谓之格纳。其法分为三等，假如五丈三尺为第二等，则是五丈二尺遂为第三等，所减才一尺，而纳钱多少相去十倍。加之客人所来州郡物货贵贱不同，自泉、福、两浙、湖广来者一色载金银匹帛，所直或及万余贯。自高、化来者惟载米包、瓦器、牛畜之类，所直不过一二百贯。其不等如此。而用丈尺概收税，甚非理也。以故泉、福客人多方规利，而高、化客人

---

① 苏轼：《书柳子厚牛赋后》，《东坡全集》卷93，上海古籍出版社1997年版，第20~21页。

② 贺喜：《亦神亦祖——粤西南信仰构建的社会史》，三联书店2011年版，第49页。

> 不至，以此海南少有牛米之类。今欲立法，使客船须得就泊琼、崖、儋、万泗州水口，不用丈尺，止据货物收税讫，官中出与公凭，方得于管下出卖。其偷税之人并不就海口收税者，许人告，并以船货充赏。①

从朱初平文中可见，在宋代海南活跃着两群从事商贸活动的商人：从泉、福、两浙、湖广而来的商人和从高、化二州而来的商人。前者从事价格昂贵的奢侈品交易，从事贸香的商人也包括其中；后者为从事牛米交易的高、化商人。而正是这两类商贸活动，将宋代海南卷入全球贸易体系之中，对岛内生产、生活产生了重要影响。

第四节　黎族土酋与官府

一、宋元时代的黎族地方豪酋

中原政权对海南有效而全面的管制始于冯冼家族对海南的巡回剿抚。据文献记载，南北朝至唐初，冯冼家族是岭南第一豪门巨族，也是岭南（包括海南）的实际统治者。当时岭南冯氏势力分布有三：一为珠江口的冈州（今新会）、广州（含番禺）一带，《元和姓纂》称之为“冈州冯氏”；二为粤西的高州、恩州一带，《元和姓纂》称之为“高州冯氏”；三为海南岛。三地冯氏脉出同源，海南冯氏则是高凉冯氏与南越冼氏联姻的后裔。② 冼夫人与冯氏家族在开琼定边方面的历史功绩使

① 李焘：《续资治通鉴长编》卷310，第10页。
② 周泉根：《隋唐五代海南人物志》，三环出版社2007年版，第2页。

得海南百姓将其供奉为神，各地可见纪念冼夫人的庙宇。

盛唐时代，以冯冼家族为代表的南方土酋对皇权的臣服主要体现在冯盎之子定期“入朝侍帝”，并率陈覩等酋长入朝见唐太宗。嘉靖《广东通志·陈覩传》载：“盎归唐，（陈覩）亦至长安预燕赉。”朝廷还责令冯盎率部落二万为诸军先锋征讨岭南罗、窦诸峒獠，① 实为唐朝“以夷制夷”之策。

冯氏家族衰落后，虽再无岭南豪族出现，但宋元时代，实际控制海南地方社会的仍为豪酋与峒首。宋王朝给有实力的黎峒首领授予官职，通过以招抚为主、“以黎治黎”的方式进行统治。因此，这一时期黎峒归附者众多，如三十六峒首领王氏一族是宋代累世受封的土官家族之一。周去非在《岭外代答》中记录了女峒首王二娘的事迹：

> 峒中有王二娘者，黎之酋也。夫之名不闻，家饶于财，善用其众，力能制服群黎。朝廷赐封宜人。琼管有令于黎峒，必下王宜人，无不帖然。二娘死，女亦能继其业。②

同时，本地土酋也通过各种方式表达归顺朝廷之意。《诸蕃志》载：

> 淳熙元年（1174 年），五指山生黎峒首王仲期率其傍近八十峒，丁口一千八百二十归化。仲期与诸峒首王仲文等八十一人诣琼管公参，就显应研石歃血，约誓改过，不复抄掠，犒赐遣归。③

---

① 周泉根：《隋唐五代海南人物志》，三环出版社 2007 年版，第 15 页。

② 周去非：《岭外代答》卷 2《外国门上·海外黎蛮》，中华书局 1985 年版，第 8 页。

③ 赵汝适：《诸蕃志》卷下《志物·海南》，上海古籍出版社 1987 年版，第 25 页。

这一资料描绘出土酋归附时首领们如何在冼夫人庙前盟誓。这说明，对于官员而言，冼夫人是代表朝廷怀柔远人的象征；对于本地土酋而言，他们也认可冼夫人的灵异与权威。双方都认可儋耳夫人庙既可以作为黎人首领之间盟誓的场所，又可以作为黎人向王朝表示归顺的地点。①

在这一时期，黎族峒首逐步演变为宋王朝在黎族地区统治的代言人和贯彻者，同时地方土酋借助朝廷之力日渐强化自身实力。在土官势大的处境下，宋朝官员并未设置有效机构控制全岛，且派往海南的多为贬谪的官员。因此，至宋末，岛内完全不受官府控制。万历《琼州府志》曰：“至宋末，武略不竞，犬羊梗道，复借途桴海，丁谓所称再涉鲸波是也。”② 这说明官府之间只有依靠海路互通消息，朝廷对岛内并未实施有效控制。

元初，中央王朝对黎族地区实施前所未有的讨伐，封建王朝的统治势力深入五指山腹地。平黎之后，元朝的治黎政策仍是广泛任用黎峒首，推行土官制度。黎族土官担任的职务有万户、千户、总管、知州、县尹等职。据明嘉靖《广东通志》卷68载：“元设黎兵万户府，统十三翼，兼管民兵，黎峒万千百户，以土人为之……”“又以土人吴斌为万户，自是土官愈炽。”元代黎族土官掌握实权，而且官职官阶较高。万户为正三品，千户为正五品，其地位及权力远高于宋代黎族土官。③元代通过重用大批黎族峒首，达到了巩固和维护中央王朝统治的目的。但同时“以黎治黎”政策也刺激了黎族社会的内部矛盾，元末，黎乱频发。

---

① 贺喜：《亦神亦祖——粤西南信仰构建的社会史》，三联书店2011年版，第55页。

② 《万历琼州府志》卷8《海黎志》。

③ 海南省地方志办公室：《海南省志·民族志》，南海出版公司2006年版，第133页。

二、明清王朝的抚黎之策

明王朝建立伊始，鉴于元朝末年因任用土官而造成的混乱，宣布废除元代黎族土官制度，改而委派流官通过各地“峒首”实行直接统治，海南豪酋社会经历了改土归流、编户齐民的变迁。

洪武二年（1369年），明王朝置琼、崖、儋、万四州；洪武三年（1370年），升琼州为府，领州三，县十三，隶广东布政司。① 此时，海南府、州、县系统由流官组成，其行政运作所需的费用和人力主要依靠征收赋税和派遣徭役。因此，编订里甲，整顿版籍，为府州县官员所重。② 据《明史》记载：

> 琼州黎人，居五指山中者为生黎，不与州人交。其外为熟黎，杂耕州地。原姓黎，后多姓王及符。熟黎之产，半为湖广、福建奸民亡命，及南恩、藤、梧、高、化之征夫。利其土，占居之，各称酋首。成化间，副使涂棐设计犁扫，即渐就编差。弘治间，符南蛇之乱，连郡震惊，其小丑侵突，无时而息云。③

此处提到明成化年间，黎人“渐就编差”，即官府要求他们投靠里甲。

与此同时，洪武年间海南设立海南卫、千户所，以防守地方，“哨守黎村”。但据万历《琼州府志》记载：“儋州守御千户所，额一千一百二十六名，逃绝六百零一名；屯军额二百二十七名，逃绝一百九十五名，仅剩三十二名。”可见，由于士兵逃亡，千户所并未发挥保卫地方

① 《万历琼州府志》卷8《沿革志》，第6页。

② 贺喜：《亦神亦祖——粤西南信仰构建的社会史》，三联书店2011年版，第66页。

③ 《明史》卷319《列传·广西土司三》。

的作用。

值得一提的是，明王朝认识到初定海南之时完全废除黎族土官制，对于治理汉族人口稀少的黎族地区是行不通的。洪武二十九年（1396年）三月，广东公差大理寺丞彭与民等上奏朝廷，建议从峒首中选择土官协助镇抚熟黎，招抚生黎，以解决生黎“时常出没，劫掠连年，出镇征剿，为害不息”的情况。彭与民奏折得到明成祖批准后，一度废除的黎族土官制度又在明朝全面展开。

因此明代海南在一段时间内，出现了州县系统、土官系统和军队卫所同时并存的治理局面。后来在土官制被废除后，又兴起了“土舍”势力。万历《儋州志》称，革官子孙“仍比广西、云南有土儿男，称为土舍，谋管土地人民”,① 可见“土舍”为革官及其子孙。

综上，尽管明王朝以多种方式抚黎、治黎，但仍未触动自宋元以来就已经在地方社会深深扎根的土酋势力，同时，新的治理机制引发了黎族社会土俗权威与王朝制度之间的多方较量与斗争，致使明中叶后，海南岛内黎乱频发。

清代，黎族地区建立的土官制主要是在黎族村峒设峒长、总管(或称黎总)、哨官等职。与明代相比，海南村峒数量已大为减少，其原因是大批村峒划入清政府直接管辖范围内，成为清政府的编户齐民，不再称作峒了。② 嘉庆《大靖一统志》第169册“黎峒”条载：“雍正八年，琼山、定安、陵水、崖州诸生黎二千九百四十六人相率入版图……自是诸黎感戢，悉为良民。”又据道光《琼州府志·村峒》卷20记载：“黎人归化既久，与齐民等。”

而清代所建立的峒长、总管、哨官等黎族土官制，至清末，在黎族外围大部分地区已趋向衰落，但在五指山腹地仍保留下来，并一直沿袭至民国时期。1950年前，黎族群众称总管、团董、乡长等类人物为

① 《万历儋州志》,《黎歧志》。

② 海南省地方志办公室编：《海南省志·民族志》，南海出版公司2006年版，第138页。

"奥雅"。

小　结

五指山杞黎社会的"合亩"是一个基于土地而形成的社会交换体系。人们通过集体劳动、共同分配的劳务交换将地域社会人群在生产和生活上连结起来，因此"合亩"是一种整体社会范畴，且具有文化的普同性。

"番"是在"合亩"基础上形成的血缘与地缘合二为一、以头人为领袖的人群共同体。"峒"则是在一定地域内，由若干"番"构成的黎族社会最高的社会组织。在土酋统治时代，黎族地方社会外部表现为"峒"、"番"、"合亩"的三级组织架构，内部实质上是由劳务交换、婚姻交换以及仪礼交换，将血缘、姻缘、地缘关系紧密连接，最终实现黎族"合亩"社会结群与再生产的理想。

然而，历史上黎族"合亩"社会并非始终自成一体。自隋唐开始，中原政权通过冯冼家族对土酋势力的抚定，逐步对海南岛进行有效管治和深入开拓。宋元王朝通过怀柔、招抚岛内黎峒首领"以黎治黎"的方式加强对黎族地区统治，第一次出现元代讨黎大军深入黎族中部山区的情况。尤其在清期中、后期，黎族社会的封建化进程加速，土酋归附朝廷，受封为黎总、哨管、黎甲、黎首等土官，黎族地区的自然社会组织受到一定影响。

与此同时，唐朝时海南便掀起参与海洋贸易活动的帷幕，宋代时已全面参与到广州至阿拉伯的远程海上贸易航线及环北部湾地区的商贸网络之中，香料、牛只的贸易往来尤为突出，影响了琼岛内的经济社会发展。

值得关注的是，面对王朝国家力量对海南地方社会的逐步渗透和岭南区域参与全球贸易体系的外部冲击，五指山中部的黎族"合亩"社会结构并未受到撼动。这一方面源于历代王朝的治黎之策并未动摇自宋元以来就在地方社会扎根的黎族土酋势力，另一方面源于岛内交通不便，导致封建势力对黎族统治“鞭长莫及”。明万历年间，分巡海南的按察使林如楚在筹划开辟海南岛东西道路时，有如下体验：

> 琼岛东西广六百余里，南北几九百里，由琼城五百里而南，崖三百里而北，有五指山焉。……黎歧之疆围一千二百余里，绝长补短，可四百有盈，山势盘旋若螺，外环十三州邑。稍内属土舍纳粮者为熟黎，不属土舍纳粮者为生黎，最深为歧，巢木山巅，刀耕火种。□□□□由各州邑距黎境逮二百□□□余里，亦有二三十里者。出入□□□越山巅，自有平坡大路可行。行数十里、二三十里即有一峒。峒皆十数村，村有大小，而家之多寡，因之沃土稠烟，与在外民村无异。第层峦叠嶂、从菁茂林、岚氛未开，故诸獠得以负固为患。……
>
> 若逾五指而南抵崖，一路中，草唱、喃春、磨菜、草提、合唠诸黎虽新招纳粮向化，而喃恺、喃唠、磨羊、磨赞、番铳、降文、磨瞰与崖之凡阳诸歧峒络绎二百余里，皆人力所不至之地，诸獠兽聚山谷，别为世界。……①

从上述材料可见，官员们认识到五指山“山势盘旋若螺”，深居山区的歧黎各村峒居于“巢木山巅”，过着“刀耕火种”的生活，五指山而南至崖州的广大山区“诸獠兽聚山谷，别为世界”，正是这样的地理状况使得“诸獠得以负固为患”。因此，在当时这一区域仍为外界所陌生。直至光绪十三年（1887 年），张之洞、冯子材等官员仍致力于在五指山腹心地区开辟道路，但清末修路仍然困难重重。

① 《林如楚图说》，《万历琼州府志》卷 8《海黎志》，第 85~87 页。

第二章
走进田野

通过前面章节的描述，我们看到1950年前五指山中部“合亩”制地区的黎族社会状况，其以各种交换为主体的“合亩”关系是地方社会运行的主要原则。本书的田野调查地番茅村就位于这片区域之中。它处于历史上原保亭三区的“合亩”区范围，现隶属于五指山市冲山镇。番茅村的发展与其他原“合亩”制村落一样，经历了由“合亩”到个体经济的跨越。但与其他村落又有不同，它位于市郊，利用这一地理优势，黎民的经济收入来源更为多元，村落的开放性更强。在本章中，笔者将从村落生态条件、村落历史、生计模式以及空间格局等方面入手，勾勒出该村的样貌，同时关注村落社会人群的结合方式，从而呈现出现代黎村的社会结构与地域人群的生存环境和生存状态，为后文分析该地方社会经历的历史变迁过程作铺垫。

第一节　冲山镇概况

一、自然条件

五指山市（又称通什市）位于海南岛中南部五指山腹地，北纬18°38′~19°02′，东经109°19′~109°44′。五指山是海南省的最高山脉，素有“海南屋脊”之称。五指山市主要河流属昌化江水系，昌化江发源于境内的五指山，其上游支流南圣河从东向西蜿蜒，流贯全五指山市区。

五指山市全市以山区为主，市区海拔328.5米，是海南岛海拔最高的山城。冲山镇位于五指山市中部，东至南圣镇，西接毛道乡，南抵畅好乡，北邻毛阳镇（见图2.1）。

图 2.1 冲山镇地理位置

二、历史沿革

五指山市古时称通什峒，后沿革为通什乡、通什镇、通什市。“通什”是黎语的汉字译写，黎语“通什”指山谷中连片的田地。民国末年，通什只是一个只有几间茅草屋的野兽出没的荒凉山谷，属保亭县管辖。1953 年，海南黎族苗族自治区首府从乐东抱由迁驻通什。1955 年 8 月，海南黎族苗族自治区改名为黎族苗族自治州，通什为自治州首府驻地。1958 年 12 月，自治州人民委员会搬到海口同海南行署合署办公，通什为保亭县委、县政府驻地。1961 年 11 月，经广东省委批准，1987 年 1 月 25 日，成立通什市，县级建制，管辖原保亭县属南圣镇、畅好乡、毛道乡、红山乡，琼中县属毛阳镇、五指山乡，乐东县属番阳镇和通什镇（后改为冲山街道办事处）。1987 年 12 月 31 日，海南黎族苗族自治州撤销，通什市隶属海南省管辖。2001 年 7 月，通什市更名为五指山市。

黎族是通什地区最早的先民。据《史记・南越尉佗列传》、《汉书》卷95《西南夷两粤朝鲜传》、《后汉书》等记载，黎族相传为百越族后裔，自秦汉时已居海南岛。汉武帝时平定南越，设七郡，其中儋耳、珠崖两郡即海南岛。黎族主要聚居在海南岛中部和西南部的盆地河谷和滨海平原上，普遍自称“赛”，“黎”是汉民族对黎族的称呼。

黎族内部因方言、习俗、地域差异而常被分为“侾（哈）”、“杞”、“润”、“赛”和“美孚”五个方言区。五指山地区的黎族大部分属杞方言黎族。杞黎在汉文史籍中被称之为“生铁黎”或“生黎”，主要居住在五指山市、保亭和琼中，其人口仅次于侾黎，在海南黎族总人口中居第二位。相传约在3000年前，黎族处在母系和父系社会交替时期，居住在昌化江下游的沿海平原地区有“帕歹吪、帕歹靠、帕祖炎、帕祖润、帕巡求”（黎族音译）五个部族，其中有一个部落群体居住在小叶榕树下（黎语称小叶榕树为“猜子杞”）。由此，从小叶榕树下发展而来的群体，都号称为“杞人”，后来沿袭为“杞黎”。① 1990年第四次全国人口普查统计，五指山市黎族人口55415人，占全市总人口的58.9%；2000年第五次人口普查，黎族总人口59400人，占全市总人口的58.91%。

冲山镇原是海南黎族苗族自治州首府所在地，现为五指山市委、市政府驻地。该镇下辖16个村委会，45个自然村，53个村民小组，4个居委会。镇郊94%为黎族，机关中有汉族、黎族、苗族和其他少数民族。据中华人民共和国成立初期的调查，该镇是残留”合亩”制的地区之一。1950年前全镇共有57个“合亩”，每个“合亩”平均有4.1户，16.5人。从历史发展来看，“合亩”成员由纯血缘关系发展到吸收非血缘关系的外来户加入，1958年的“合亩”调查显示：该乡纯血缘

---

① 五指山市地方志编纂委员会：《通什市志（第十七编民族）》，方志出版社2009年版。

“合亩”有 25 个，占总合亩数的 43. 84%；非血缘“合亩”有 32 个，占 56. 17%（见图 2. 2）。①

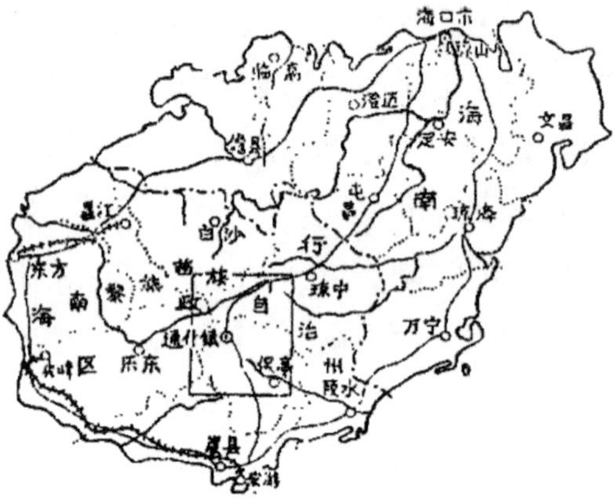

图 2. 2 冲山镇（通什镇）在合亩地区位置

资料来源：詹慈：《黎族合亩制论文选集》，广东省民族研究所，1983 年。

第二节 村落起源及生计

一、村落历史

笔者调研的番茅村位于冲山镇南圣河畔，东依五指山市区，西靠红雅村，南接什保村，北邻国道 G224 海榆中线，辖福建、番茅、番芭、什分、什好五个自然村，村内为丘陵台地，饮用太平水库的水及灌溉。整个村落呈方形，除什好村稍远外，其他村基本对称分布在市区通往毛

① 广东少数民族社会历史情况调查组：《黎族“合亩制”调查资料》（内部参考资料），1958 年。

道乡的县道公路 X580 两侧。从远处望去，番茅全村处于海拔 1006 米的阿陀岭脚下，是个典型的“山包围村、村包围田、田包围水、有山有水”的黎族村庄。据 2000 年第五次人口普查，番茅村委会总人口 1112 人，其中男性 582 人，女性 530 人。本章主要调研地福建自然村现有 82 户家庭，常住人口 361 人（见图 2.3）。

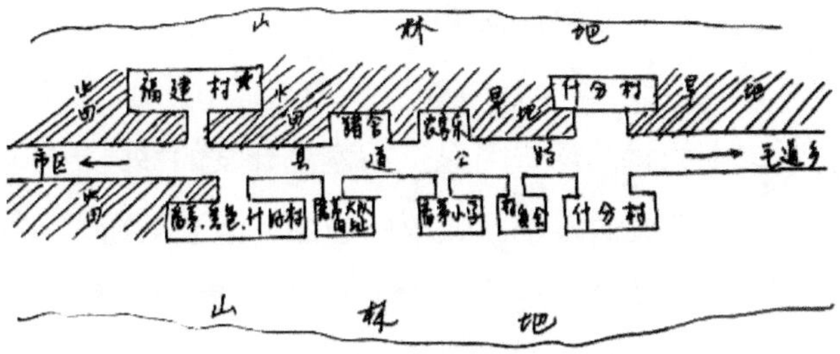

图 2.3　福建村位置图

在黎语中，黎民的居住地称“抱”或“番”。杞黎的村落多以番某、什某、毛某命名。据番茅村书记黄玉清（化名）讲，“茅”是“茅草”的意思，原来村地为一片茅草，故得名番茅村。由于黎族没有本民族文字，村民也无保存族谱的习惯，因此，对于村落历史无资料可查，任何关于村庄来源的故事都是靠人们口头传承。福建村是番茅村最早出现的自然村，黄进香（化名）家族是福建村最早定居的村民。黄进香讲述道：

> 我们在这地方，一般也是听老人说的，我们是从福建省漂洋过海过来的，听说我们是从福建省的甘蔗园过来的。我们过来可能也有上千年历史。听老人说，我们是越王的后代，可能也是越国和吴国战争的越国后代，越南的“越”，越王勾践那样咧。因为我们来的时候也是分批过来的。我们这一代是漂到昌化江入海口的地方，昌江县一带，就驻扎在东方县，生活在那里一段时间，也是江边一

带吧。所以我们以前三月三的活动，就是我们的打柴舞也是从那里开始的，从东方县一带过来流传到现在。听说我们本来是在海边的，我们以前算是第二批、第三批过来的。因为坐船过来嘛，后来就看到人家在后面追，好像要赶尽杀绝一样，我们怕，就往山里跑。（我们）在山边一带，我们可能也是汉族的吧，后来就跑这里面变成了黎族。在海边那带（生活）的（人）就变成了汉族。所以我们一直驻扎到现在，也是有上千年的历史了。

这段村民口中的村落历史可以从海南岛开发的移民史中得到印证。从秦汉开始，海南岛被纳入中原政权的版图，但直至唐天宝年间，冯、冼家族仍是地方实际的统治者。唐中叶以后，随着海南岛东部“海上丝绸之路”（以合浦、徐闻为起点，以黄支国即今伊斯兰卡为终点）的逐步繁荣，朝廷对海南岛的开发逐步深入。至宋朝，岛内经济文化全面发展，岛外移民大量涌入。① 迁入移民主要为中原人、福建人和广东人，其中以福建籍居多，且大多分布于海南岛北部、东部地区。受大量移民的迁入及开发的影响，海南岛内的居民产生了两个方向的迁徙。一是黎族人向本岛中西部地区转移。这种转移为非自觉行为，经历了“铁制农具”与“刀耕火种”的较量，黎族先住民不得不放弃沿海台地，沿着本岛放射状水系逆流而上，向中西部地区退居。二是素有海上航行技能的沿海居民，开始海外移民。② 同样有观点认为，杞黎横绝海峡或北部湾以后，在岛北停留过一段时间，后进入五指山腹地。五指山中部杞黎保留了许多竹架形屋，衣物上绣有蛙、鱼、蚧等原始图画以及绣面纹身等文化特征，说明他们原为滨海而居，不是原始山居部落。③

① 黄纯艳：《宋代海外贸易》，社会科学文献出版社 2003 年版，第 272 页。

② 张朔人：《海南：典型的移民社会》，《中国社会科学报》（网络版），2011-07-28。

③ 司徒尚纪：《海南岛历史上土地开发研究》，海南人民出版社 1987 年版，第 76 页。

因此，从东部沿海地区迁徙至五指山中部的黎族很可能包括报道人黄进香（化名）的先祖，其定居番茅村的时间或许可追溯至宋代。

福建村黎民定居在番茅村后，最初以刀耕火种的原始耕种形式种植山栏稻，并以上山打猎、采集番薯等作为食物补充。随后建立起以家族为单位、兼收外来户的“合亩”制度，共同开垦水田。随着村内人口增多，逐步建立起其他村落。

福建村黄利琼（化名）是较早定居番茅村的村民，家族中已经有四五代生活于此。他曾做过村文书多年，现任番茅村副书记。在讲述福建村历史时，他谈道：

以前听老人讲过，先有福建村，后面才有其他村。什分村当时来了几个兄弟，他们打算定居下来，开垦田地。当时的处理办法是拜我们福建村为大哥，就可以开田（耕）种了。之后我们村和什分村的人以兄弟相称，都算是一个阿公的。因此，我们这两个村基本上是不能通婚的。我们家是从毛道乡过来的，有几百年了吧。我生在什好村那边，大概1966年搬来福建村的。所以到现在，我们家的水田啊、橡胶啊还是在什好村。我们是跟黄政亲（化名）他们家一起过来的。当时福建村也就十多户人家，最多二十多户。

什分村黄德柏（化名）年近七旬，十几岁时曾参与过当时的“合亩”生产。当被问到村庄历史时，他回忆说：

这方面不是很清楚，只是大概知道，我们这个村的祖先是得到了福建村的祖先给的一块地，祖辈靠这块地发展出后面的这些地。就是帕祥（即黄进香）的祖先给了我们祖先一块地，不要钱，认作大哥，所以我们村不能和福建村通婚。这样我们开始发家。我们祖先是从番阳镇上来的。我们祖辈是这里的，像其他人村的黄书记、黄主任的家族都是来投靠我们的。

什分村黄玉清（化名）家族原生活在冲山镇福利村，后迁入什分村。对于村落由来，他更多的是从什分村村民的内部构成作出解释：

历史上福建村比我们久，它是在这立足的，它是最先来的。我们村小组（什分村）和它是一个祖先。它（好比）是阿公的，后来就成家立业，分家出来，什分村就这样产生的。什分村是五花八门的。不伦不类，哪个村都有。我虽然是什分村，但我的根在福利村。好多老人说，不知不觉怎么就产生了一个什分村。因为是从昌化江移民过来的，打猎的跑过来搭棚，住在这里，几年之后就扎根。他们那些人常说，几年前去打猎不见产生这个村庄，怎么就这样产生了呢。所以说，怎么叫什分村呢，拉拉杂杂，五花八门。每个乡镇都有来的集会在这里。

伴随着村内人口增多、大量田地的开垦，整个番茅村逐渐兴旺起来，并在20世纪具有一定知名度。据调查，1950年前，番茅村仍旧保存着黎族“合亩”制。在全国开展的“农业生产合作化”运动中，番茅村于1954年12月成立番茅初级合作社，这是海南岛第一个少数民族合作社。当时全社13户，由3个合亩和1个单干户组成，因建社后第二年实现增产38%而获得海南省第一次劳模代表大会一等集体模范社奖。1956年，番茅初级社升级为番茅高级社，包括7个自然村，当时粮食播种面积扩大了两百多亩，总产量增加近一倍，成为“合亩”制地区农业合作化的一面旗帜。① 村中至今还保存着合作社办公室“番茅大队部”的建筑遗址。1958年通什镇试办人民公社，名为红旗公社，番茅高级合作社改为番茅大队。20世纪六七十年代，番茅村因成为黎族村寨中的“样板村”而名声大噪。朱德委员长（1957年到访）、叶

① 《黎族“合亩制”组织起来的番茅社生产生活改变情况——中共福建乡支部》，《五指山市档案局资料》，1956年。

剑英委员长（1979年到访）、李鹏副总理（1986年到访）、陈永贵副总理（1972年到访）、钱其琛副总理（1996年到访）、阿沛·阿旺晋美副委员长（1987年）、陶铸、许世友等多位国家领导人曾经前往视察，阿尔巴尼亚（1975年4月到访）、罗马尼亚（1974年4月到访）、苏联、朝鲜（1973年8月到访）、越南、马来西亚、柬埔寨、日本等36个国家的知名人士曾先后来番茅村参观学习。① 番茅大队部的墙壁上至今还挂着中外领导人来访的照片。

二、村落生态背景与村落生计

福建村属热带海洋季风性气候，气候条件良好，雨量充沛。年平均气温22.4℃，年最低气温13.5℃，极端最高气温37.1℃，年平均相对湿度84%，年均降水量1975.2毫米。干湿季分明：5月至10月为雨季，11月至4月为旱季。这种夏长无酷暑、冬长无严寒的独特气候使得福建村不仅是避暑避寒的度假胜地，同时也适宜多种作物生长（见表2.1）。

表2.1　　通什市四季终始日期、历期和平均气温表

季节	春	夏	秋	冬
起止日期	1月中旬—3月中旬	3月下旬—10月中旬	10月下旬—1月上旬	—
历期（天）	69	214	82	—
平均气温（C）	19.5	24.4	19.4	—

资料来源：五指山市地方志编纂委员会：《通什市志》，2009年。

① 以上领导人到访情况见五指山市地方志编纂委员会：《通什市志·大事记》，2009年。

（一）粮食作物

1. 水稻

水稻是福建村的主要粮食作物。1950 年前，村民曾以家族为单位进行水稻种植。水田是一年种两造：早造在 12 月至 1 月播种，2 月、3 月间插秧，5 月、6 月间收割；晚造在 7 月、8 月播种，9 月、10 月间插秧，11 月、12 月间收割。旱田每年只种一造，约在 4 月、5 月间播种，5 月、6 月间插秧，9 月、10 月间收割。村民日常口粮主要是大米，所以水田面积对村民有重要意义。福建村现有水田的总面积 66.72 亩，拥有水田的总户数为 60 户。自 1982 年分田到户至今，福建村人均水田面积约 0.48 亩。

因五指山地区日照时间长，天气炎热，黎族人民习惯早上就煮好稀饭，作为早餐、午餐，晚餐则吃干米饭。一般黎民中午从田地“干工”回到家时，会摘些菜，如地瓜叶、百花菜、革命菜、南瓜菜，配以稀饭做午餐。晚餐会准备丰盛些，一般晚饭时间较晚，大多为晚上七八点钟。

2. 山栏稻

“山栏”的种植在黎族社会有悠久历史，民间传说中有不少关于种植“山栏”的故事。村民黄进香（化名）这样讲述山栏种子的由来：

> 听说古代是这样的，我们以前上岛的时候，打那个什么鸟，那种鸟“布谷”“布谷”地叫，听说那个鸟过来的时候，我们用弓箭射，开膛破肚后里面都是种子。后来我们就用来做种子。因为我们上岛时什么都没有，就有果子度日。那个山栏稻就是这样得来的，所以传到今天呢。

因山栏稻耐旱，生长力强，所以适宜山坡地种植。种植“山栏”大约是在每年农历正月选择地段，一般选择林木茂盛、土层深厚、潮湿、松软且表土呈灰色的山地。2、3 月间用钩刀砍伐这些地段的大树的树枝，任其散于地上。4 月间，等到树叶干枯后就放火焚烧，接着清除残枝，至雨后土层松软时播种。播种时男人用尖木棒在前头戳穴，妇女则在后面点放种子。不施肥，只用锄或铲除杂草一两次，是一种比较粗放的耕作方法。9、10 月份左右，山栏稻成熟。妇女用捻刀熟练地将稻谷捻断，捆成稻把，碎的稻谷会放进腰间篓子里。挑回家的稻子一般会一把一把地挂起来晾晒，据说非常漂亮。

山栏稻是五指山地区盛产的旱稻品种，分籼、粳两种，有红、黑、黄、白、褐等颜色。粳糯米常被用来做糯米酒、竹筒饭、年糕、粽子等。

糯米酒，又称山栏酒，是黎族传统酒类，五指山地区杞黎几乎每家每户都酿制山栏酒，杞方言黎话称为“比盎”，一般作为节日、婚宴、丧葬及宗教活动的主要饮酒品种，也是黎族招待宾客的上品。竹筒饭是黎族人民上山劳作或打猎时常制作的食品。做法是把山栏糯米浸泡，滤干后配上瘦肉、香料和适量盐巴拌匀，装入竹筒内，再灌上适量清水，用芭蕉叶堵住封口，然后把竹筒放进火上慢慢烤。现在黎民家庭较少制作竹筒饭，但每当回忆起竹筒饭的芳香，他们都赞不绝口。用山栏糯米制作年糕、粽子也是五指山地区黎族的民俗，家家都会备有舂米桶。除夕当日，黎族家庭会包制糯米粽，吃剩的粽叶会插在家中的水果树上，意为保佑明年丰收。大年初一时，黎民会用舂米桶将糯米捣成粉状，用于制作年糕，探亲访友时随身携带。以往黎民居住在茅草房时，在住新房当日，会做糯米粑，吃完后将包裹的叶子插在未干的泥墙上，寓意平安。在办喜事、周年忌等重要场合，也会用糯米制作食物。因此，糯米不仅仅是一种食物，在黎族的社会生活中也具有重要的象征意义。

中华人民共和国成立以来，随着生产技术普遍提高，人口增加，荒山减少，五指山地区的水稻种植基本取代了山栏稻，刀耕火种的方式到 2000 年已趋于消亡。现今只在五指山市的一些山区，如畅好农场等地会有种植，但种植面积不大。

3. 薯类等杂粮作物

番薯、玉米、木薯是黎民主要的旱粮作物，种植历史悠久。在水稻大范围耕作之前，黎族个体家庭在开垦山地种植山栏稻时，按季节不同，先后混种番薯、玉米，作为重要的食物补充。但因耕作技术粗糙，管理粗放，产量往往较低。自20世纪90年代改进种植技术以来，番薯产量不断增加，黎族家庭除自己食用外还会拿到集市上去卖。番薯已从过去食物匮乏时用于果腹，变成高纤维的现代营养粗粮，并具有一定地域特色。在访谈中，黄德进（化名）曾向笔者讲述在1950年前遇到荒年或主粮青黄不接的困难时期，这些食物对黎民的重要意义：

> 以前家里吃番薯、玉米。在烧山的时候，与山栏一起种下去。等玉米收完，就可以收山栏了。以前不种土豆，我们不懂，也不敢吃。还有花生，也会种，用来榨油。我们没吃过豆油的，一般用猪油。我们从不吃面，就算没饭吃了，也不吃面，会上山去挖木薯，拿来跟饭一起煮。

（二）热带经济作物

1. 橡胶

五指山地区的橡胶从20世纪60年代开始引种，种植面积逐年增加，现已成为黎民的重要收入来源。据村民回忆，福建村的橡胶种植大概从20世纪80年代末开始，至2001年，在山地种植上，橡胶已基本取代山栏稻。橡胶苗播种一般选在秋季，至少需六七年长成橡胶树，10年左右可开始割胶。如果橡胶叶生长得好，3月份开始割胶水，割胶时间可持续至11月底至12月中旬。胶水的高产期在7、8月份，因这一时期是五指山地区的雨季，雨水充足则橡胶叶生长茂盛，胶水含量较高。福建村村民向笔者描述，一般割胶的时间选在日出之前。在7、8月的高产期，他们大多凌晨3点起床到橡胶林，4点开始割胶，至6点半左右割完，一个人可割500多棵橡胶树。一些村民的家距离山地较远，会选择割胶期间住在山上。12月底，进入冬季后，橡胶叶会凋落，进入停割期，这时胶农会给橡胶树施肥、喷洒农药。村民一般的施肥方法是在橡胶树边上挖出坑，将肥料埋进去，以增加橡胶树水分。市面出售的橡胶专用肥大概100多元一包。

从访谈中笔者了解到，在村民看来，橡胶种植、收割的技术含量低，易于管理。一方面，在20世纪60年代，村大队农场曾集体种植橡胶，因此很多村民基本懂种植方法。另一方面，近年来，政府农业部门对橡胶种植大力扶持，经常向农民传授橡胶种植、养护知识，很大程度上地提高了橡胶的出胶率。最为重要的是，对村民而言，橡胶收入颇为可观。按村民的说法，两公婆（一对夫妇）和几个小孩可以在一个早上割500多棵橡胶，而收入能有上千元。而且，经常有人上门回收橡胶，村民省去了推销的麻烦。笔者走访福建村邻近的红雅村得知，海南省某胶业公司已在福建村周边村设有固定回收点，分胶水、胶块等形式回收，价格不一，且每日价格都有浮动。在笔者调查当日，即2011年7月1日，胶水的价格为每公斤31元。

2004年推行的林权制度改革，使福建村的山地归属确定下来。在这之前，村内山林地不分，村民有能力开垦的都成为自留地，使用权归农民所有。在林权制度改革后，林地使用权交给农民，农民依法享有林木的所有权、处置权和收益权。福建村经林地确权发证的户数为64户，林地总面积为570.54亩，其中商品林面积为416.15亩。现在村民的经济林木种植中橡胶占有很大比例，已成为黎族家庭收入中的主要来源。

2. 槟榔

黎族有嚼槟榔的喜好。初嚼时吐出的口水是黄红色的，味道有些苦辣。越嚼口水越红，连嘴唇都被染得通红。槟榔属热带雨林植物，喜湿、喜温、好肥。按五指山地区的气候条件，5、6月份可种下槟榔苗，随后雨季来临，因此槟榔的成活率高。一般槟榔种下去后3年左右会有收成，每年可收果实两三次。福建村的槟榔树一般种在家附近，便于看管，而不会种在远处山地。村民介绍说槟榔的收入也较为可观，价格高的时候能达到20多元一斤，村内部分家庭会有种植。总体来说，五指山地区不如隔壁的保亭县槟榔种植面积大，而是更多地选择种植橡胶，这与五指山地区的山地分布广有关。五指山地区的杞黎也会将槟榔视为礼俗的吉祥物，在民间结婚、访亲会客时以槟榔为礼物，但槟榔对黎民生活的象征意义远不及保亭地区的赛黎。笔者曾在番茅村隔壁的什保村目睹，黎族女孩子订婚时，男方带槟榔、烟丝等来女方家中提亲，据说这是必备之物，如果女方吃了男方带来的槟榔便是同意了这门亲事。订婚后，女方也会将男方带来的槟榔分给本村亲朋好友，向同村人告知并分享即将结婚的喜讯。

3. 椰子、胡椒等其他作物

椰子是棕榈科多年生长绿乔木，适应性强。1950年前，五指山市境内已有种植，但数量不多。20世纪60年代之后，椰子遍布全市各地。福建村的椰子主要种植在屋前屋后和村内道路两旁。除了四季都可以喝到鲜美的椰子水，黎族同胞还会用来做美味的椰子饭。胡椒的经济价值高，利润大，但福建村的种植面积不大。一些村民描述，他们也曾种过，但不懂管理，胡椒结果期间常因照顾不好而死掉，因此很多家庭放弃了胡椒的种植。

（三）水果、蔬菜

福建村的热带水果主要有荔枝、龙眼、黄皮、香蕉、杨桃、芒果、木瓜、菠萝蜜。这些水果大多数为自家食用，有些也会被拿到集市上卖。据村民介绍，20世纪90年代，有些农户曾在山地种过一定规模的荔枝、龙眼、芒果，但因市价不高，遭受了损失。尤其在1995年、1996年，荔枝、芒果的市场价格不高。这之后，村内的山地基本上改种橡胶，只有五指山市的一些农场里会大规模种植这些热带水果。

五指山市年平均气温22.7℃，光照充足，一年四季都能进行瓜菜生产。村民种菜除自给外，部分供应市场。冲山镇是五指山市主要的蔬菜种植产地，种植品种有节瓜、毛冬瓜、南瓜、苦瓜、豆角、荷兰豆等。福建村因距离市区较近，村口有笔直的公路直通市区，交通便利，因此蔬菜种植成为很多家庭的主要收入来源。从村内路两旁望去，常看到成块碧绿的蔬菜地。清晨，走在村公路上，也常有满载蔬菜开往市区的家用摩托车、三轮车从身边呼啸而过。

（四）养殖业

五指山地区气候温和，热量充足，适合多种动物生长。福建村农民饲养的牲畜主要有猪、牛。猪圈常建在住房附近，村民以米糠、山上的野菜等喂猪。当地较有特色的猪被称为“五脚猪”，因毛花、肚子垂地似有五脚而得名，是五指山的本地猪。其肉质鲜嫩，很受当地人欢迎。黎族素有养牛的传统。牛在古代黎族是重要的财产，逢重大节日、宗教仪式等场合时必须用到牛，其可以与田地价值相提并论。村里的牛通常被赶到山上，采取放养方式，没有专门人看管，到时间会接回来，赶入牛栏。人们会在自家牛的牛角等处做上记号，拴上牛铃。牛栏一般建在村内空地上，不会离住宅太近。

福建村饲养的家禽主要有鸡、鸭、鹅，被当地人称为“三鸟”，常被散养在院落中，喂些稻谷。村内的三鸟饲养主要是自足，供节日、招待客人等场合食用，较少拿去集市出售。

村民都有养狗的习惯，主要用来看家护院。但并非圈养，村中常看到狗躲在自家院子里，或是在村中游走。

（五）黎族织锦

黎族传统织锦是海南岛黎族妇女创造的一种纺织技艺，集纺纱、染色、织布、绣花为一体。黎族姑娘一般从四五岁起向母亲学习织锦技艺，代代相传。海南黎族五大方言区的织锦图案各不相同，花纹图案记述了黎族的历史、信仰和传统民俗。

番茅村的织锦历史可追溯到20世纪五六十年代，当时作为“织锦第一村”而在全市有一定影响。2007年，福建村刘香兰（化名）租用村民小组的一间文化室，发动本村12个妇女加入织锦行列，成立织锦厂。后更名为“黎族织锦传习所”，固定工人由35人增加至60人，销售织锦产品近2万件，年平均收入10万元。2009年6月，刘香兰（化名）被列为国家级“非物质文化遗产传承人”。2011年，同村黄慧琼（化名）又成立“五指山番茅黎锦坊”，固定工人为24人。在这两个织锦合作社的带动下，福建村高达80%以上的妇女及周边村落的黎族妇女利用农闲时间织锦，所得收入现已成为福建村村民家庭的重要收入来源。

（六）其他生计方式

在黎族人民的生计历史上，狩猎、采集、捕捞是传统的生计方式，曾在人们的经济生活中占有重要地位。过去，村民的狩猎活动是经常性的，一般为集体围猎。据村中老人回忆，大年初一下午除老幼外，全体青壮男子上山围捕山猪，击毙山猪的人可得一条猪腿，其余的肉归大家同享。当天，每家每户会拿出一点米，用山猪头来煮肉粥，每人会分得一碗粥、一块肉，全村老少一起聚餐。现今，政府除了在农村地区宣传和强制执行《野生动物保护法》，还收缴了村中猎枪，因此村民基本不再狩猎。

五指山地区山林中植物资源丰富，野菜、药材、野果随处可见。因此，上山采集也是黎族重要的生计方式，延续至今。福建村周围林地生长着许多野菜，如树仔菜、四棱豆、鹿舌菜、雷公根、革命菜等种类。野菜历来是村民饭桌上的常见菜品。五指山野菜的营养价值已被城里人和外来游客所青睐，因此很多村民挖来野菜除自家食用外，还会拿去市场上卖，赚些额外收入。历史上黎区医疗药品缺乏，因此，黎民常利用野生药用植物治病防病。现在村中仍有很多村民懂得草药知识，常听说有人去山上挖药材来煎服。据说现在福建村附近的山林里药材日益稀少，要走进深山处才能找到。

捕鱼也是番茅人自古以来的传统。村民捕鱼基本是在附近的南圣河中，会采用标枪、弓箭、渔网等工具捕鱼。听老人们讲，黎族村寨在以峒为组织管辖时期，南圣河曾按所有权被划分出几个河段，黎民捕鱼也是一定有限制的（见表 2.2）。

表 2.2 **福建村农户生计季节历**

<table>
<tr><th>月份（阳历）
活动</th><th>1月</th><th>2月</th><th>3月</th><th>4月</th><th>5月</th><th>6月</th><th>7月</th><th>8月</th><th>9月</th><th>10月</th><th>11月</th><th>12月</th></tr>
<tr><td>水稻</td><td colspan="3">犁田、播种、插秧</td><td colspan="2">施肥、锄草</td><td colspan="2">收割、晾晒</td><td colspan="2">犁田、播种、插秧</td><td>施肥、锄草</td><td colspan="2">收割、晾晒</td></tr>
<tr><td>橡胶</td><td colspan="3">施肥、养护</td><td colspan="8">割胶</td><td>施肥、养护</td></tr>
<tr><td>槟榔</td><td colspan="5">打花</td><td colspan="2">管理</td><td colspan="5">收果</td></tr>
<tr><td>蔬菜</td><td colspan="12">种植、管理、收获</td></tr>
<tr><td>猪</td><td colspan="12">养殖</td></tr>
<tr><td>牛</td><td colspan="12">养殖</td></tr>
<tr><td>鸡</td><td colspan="12">养殖</td></tr>
<tr><td>鸭</td><td colspan="12">养殖</td></tr>
<tr><td>野菜等</td><td colspan="12">采集</td></tr>
<tr><td>织黎锦</td><td colspan="12">妇女空闲时</td></tr>
<tr><td>外出打工</td><td colspan="12">男性农闲时</td></tr>
</table>

三、传统生计方式的变迁

长期以来，福建村以旱作农业为主要生计来源，尤其以山栏稻的刀耕火种方式为代表。20 世纪 50 年代，经历国家集体化的改造后，福建村逐步发展为以水田农业为主的生计格局。自 20 世纪 80 年代开始，福建村实行联产承包责任制，水田包产到户。在国家力量、商品经济的作用下，该村如今确立起以热带经济作物为核心的农业生态格局，主要以橡胶种植为中心，辅以妇女织锦的特色手工业。

在今天的福建村黎人看来，随着村中人口数量的日益增加，可耕种土地日渐减少，水稻种植、蔬菜种植和家禽养殖仅够自给自足，很少能获得额外收入。于是，以橡胶为中心的热带作物种植现已成为家庭的主要收入来源，妇女在空闲时织锦也在很大程度上贴补开销。同时，利用距离市区近、交通便利的优势，蔬菜种植获得一定收入，加上男人在农闲时外出打工，共同构成了现今福建村的生计模式。

伴随村落生计格局的改变，福建村的社会经济生活经历了从历史上的“合亩”传统到现代“农业生产合作社”的组织形式的变迁。20 世纪 50 年代以前，番茅黎村的农田种植以“合亩”形式进行，全亩成员共同劳动、平均分配。国家力量进入后，全村进入了高度集体化，稻作的种植和分配进入了集体组织和管理时期，村民在三级所有、队为基础的组织模式下从事生产和劳动，被允许保留少量自留地、经营家庭副业。国家推行家庭联产承包责任制以后，福建村的水田人均面积仅为 0. 48 亩，在政府的倡导下，以橡胶为核心的热带农业种植引入村内。水田、山林地分田到户后，村中的个体家庭成为生产单位。福建村在 2007 年成立的织锦合作社、2008 年成立的养殖专业合作社，成为现阶段福建村除农业种植以外的重要生计来源。因此，福建村黎民生计方式的变迁同时也是村民经济生活和社会生活组织方式变迁的体现。

四、与外界的商业往来

据载，明万历年间（1573—1620 年），海南副道使程有守鼓励汉人进山与黎族、苗族进行商贸活动。当时有汉商沿着昌化江进入五指山区开辟商贸货运栈道，并选择把昌化江边的毛贵村（今五指山市毛阳镇毛贵村委会）作为货运栈道中转点。从明清至民国三十七年（1948年），毛贵村发展为昌江沿河货运的重要货栈之一，许多汉族客商在毛贵村经营杂货、山货、布料、食馆等。①

至1950年前，五指山冲山镇地区是没有市场的，黎族同胞主要和汉族私商进行以物易物的交易，一般用山特产品、饲养的家禽换取汉商的生产工具和生活用品。过去汉商大多来自陵水、乐东、崖县（今三亚）等地，一般是五六个人同来，主要经营铁质农具、针、线等生产用具和生活用品。村民常去崖县的藤桥一带购买或换取盐巴、铁质生产工具。而这种交换大多为不等价交换，据老人回忆，那时候，汉商用两匣火柴可换取黎胞一斤半重的小鸡。番茅村黎民也有去汉区做工的，赚来的光洋购买锄头等农具。

1952年，中共中央决定修建海榆中线。海榆中线是五指山市北往海口、南接三亚的主要通道。过境五指山市全长43公里，是以冲山镇为主要控制点，贯穿五指山市的主干线公路，对五指山地区的商业发展有着重要影响。1954年，五指山市修建从市区至毛道乡的县道公路X580（通毛线），沿线途径番茅村。随着海榆中线的开发建设，以及利用毗邻县道公路的优势，番茅村民可直接参与到五指山市区的商业贸易，购买农业及生活用具十分便利。现今，在村中仅有两家小卖部和一家种子站，因此大多数村民会选择去市区采购。每逢水稻收割季节，一些黎族家庭会雇佣外面的收割机进村帮助收割，效率很高。仅家用摩托车或三轮车即可将村中种植的瓜菜运去市区出售，而橡胶的上门收购及销售也依仗交通便利而省去很多麻烦。

---

① 五指山市地方志编纂委员会：《通什市志》，方志出版社2009年版。

第三节　村落空间分布与家屋空间结构

一、村落空间分布

从村落外部空间来看，福建村紧邻县道公路，整个村庄被水田包围。全村住宅分布于村庄南侧，呈纵向行列式布置，由北向南一行行排列，房屋的方向大多面向水田，因此从高处望去，全村住宅分布得较为周整。

福建村的入口以水泥简单修葺的两个门柱为标志，左右两个门柱上面的红漆已部分剥落，依稀可见“建设家园□勤劳，福泽后代□创业”几个大字。入村后，在村口大门附近住着五六户村民，房屋较为低矮，且连接紧密，屋前堆放着很多柴枝和一些农具，使得空间看上去很拥挤。村内中心位置是晒谷场，晒谷场两边曾是福建村的文化室，后经过翻新改造，现租借给村中的织锦坊和黎锦传习所，供村中妇女集中织锦。以晒谷场为中心的地带算是福建村活动的唯一场地，农忙时节常见村民在这个小广场晒稻谷、脱粒，而两侧放置着有些残旧的篮球架，也是村中孩童娱乐的场地。

从传统上讲，黎族聚居地一般选择山谷中的小平原、河谷台地或平缓的坡地。选址原则在于以下三个方面。一是靠近耕地。黎族村落一般靠近可耕种的田地，而且周围有较平缓的小丘陵或山坡，能种植杂粮以补充主粮的不足。二是尽量靠近河川或溪流。能满足这方面要求的村址不多，因此村民一般都设法打井解决水源问题，或从远处引水灌溉。三是选址的地势要高爽，地形有一定的坡度。这不仅方便地表排水，而且地势高可避免潮湿，因为黎族传统的茅草房内地多为原土，潮湿对居住条件有严重威胁。① 从福建村内部的住宅分布可见，最早定居的黎民应是对这些村落选址原则有所考虑，后村落逐渐发展壮大，形成今日的村落空间格局。在访谈中，村民也提到，即使随着人口增加，村内建房的空间越来越狭小，大家也不愿搬去别处。一方面是由于他们有聚族而居的习惯，如在一些红白仪式上，家族内相近的房屋可以作为场地共用。另一方面是在村民看来村落的地势、外部环境是最佳的。因此，从远处望去，福建村面向稻田，村内房屋整齐分布，房屋前后被槟榔、椰子等棕榈科植物围绕，富有亚热带村落风光，加上地处市郊的便利位置，使福建村融合了传统民族风情与现代生活两种元素（见图 2.4）。

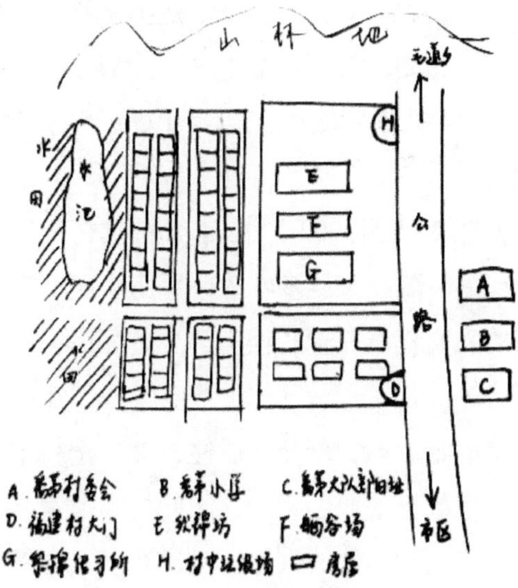

图 2.4　福建村分布全图

① 刘耀荃：《海南岛黎族的住宅建筑》，广东省民族研究所，1982 年，第 5 页。

二、家屋空间结构

通什地区由于地理偏僻，受外界影响小，至中华人民共和国成立之初，仍保留黎族传统住宅船形屋，这是我国古代南方百越民族所居的一种干栏式住宅。根据清代张庆长《黎岐纪闻》记载，船形屋有“高栏”、“低栏”之分。即一种是架空的高脚船形屋，离地约 2 米，上面住人，下养牲畜，见于黎族中心地区的“本地黎”中。另一种是架空的矮脚船型屋，离地仅 0.5 米左右，已失去“下养牲畜”的作用，这种房屋流行于昌化江上游的通什等地的杞黎之中。高脚船形屋可从 1937 年德国学者史图博（H. Stubel）的《海南岛民族志》中可见，在 1950 年后的国内文献中较少见到。矮脚船型屋至今很少保留，笔者仅在五指山市毛阳镇的初保村看到过，据说是出于展现黎族原始村落样貌的目的，按照政府有关要求有意保留下来的。随着汉族金字屋结构住宅的传入，黎族船型屋住宅发生很大变化，1950 年后杞黎大部分村中的住宅已为金字顶所代替。

据村民介绍，在 20 世纪 90 年代以前，福建村的房屋结构均是船形屋。经过民房改造后，黎民家屋基本改为平房。到现在为止，村内仍是平房居多，富裕的人家直接盖起了楼房，少有瓦房，但一些家庭的厨房仍为茅草房。

黎族习惯子女成婚后与父母分开居住，加上全村土地面积不大，随着人口增多而可建房的土地少之又少，因此村中建房多为分家出来的个体黎族小家庭，几代同堂居住的大屋非常少有。这也使得村内大部分房屋的面积不大，且相邻房屋的间距只有 2~3 米，外部看上去房屋连成一片。

村内的平房一般由客厅和两间睡房组成。黎族家屋的特色是门向屋子两端开，门上屋檐向前伸出颇远，在屋檐遮盖下房前留有相当宽阔的地方，摆放几只小板凳，可供聊天。进门是客厅，客厅面积最大，大多摆放电视、沙发等，家庭的富裕程度常从客厅布置可见。客厅地面常被打扫得很干净，有条件的家庭会铺上地砖，很多黎民有入客厅脱鞋的习惯。客厅用来休息、供小孩玩耍、招待客人或妇女织锦。客厅的左右是睡房，睡房与客厅是分开的，有单独的门出入。睡房布置很简单，除床铺外，简单放置些家具。闲置的睡房除放一张床，偶尔用作客房外，还会用作杂物房，堆放稻谷、食物等。

黎族家庭的厨房和厕所独立建于院落。厨房多为茅草房，少数为砖瓦房。茅草厨房一般以竹席做墙，房顶铺茅草，高度一般 4～5 米。前后开门，墙壁留扇窗户，白天有阳光照进来时房内较为光亮。厨房放有饭桌、简易橱柜、灶台。灶台一般有两个，用木柴作燃料。除烹煮食物外，厨房还用作酿酒。福建村大多数家庭会建造厕所，个别家庭用村内公共厕所。自 20 世纪 90 年代民房改造以来，村内的住宅、卫生条件有了极大的改善。

第四节 村落社会结构

按照政府户籍统计，福建村总户数为 82 户，共 361 人。在进行村落系谱调查时得知，村中 4 户来自外省，户口不在本地，因计生工作而将其登记在册。因此，目前福建村实际居住 78 户，348 人，分有水田户数为 60 户。

一、福建村的继嗣

（一）继嗣原则

福建村生活的 78 户村民，从姓氏上看，黄姓 67 户，占绝大多数比例。王姓 7 户，麦姓、胡姓、陈姓、高姓各 1 户。经了解，姓氏仅 1 户的村民均为当地人所称的“男嫁女”，即男方入赘到福建村。除陈姓、麦姓及一位嫁进本村的媳妇为汉族外，其他常住村民均为黎族。

黎族的名字分黎族名和汉族名，汉姓是 1950 年后黎民才有的，五指山地区的杞黎汉姓多为“黄”或“王”。据番茅村民讲，当时政府来登记汉姓时，他们也不知道姓什么好，听说姓黄的最多，大部分人就登记姓黄了，而姓王则是因为一些人的普通话发音不好，将黄与王的发音混淆而致。

福建村的继嗣原则为父系继嗣，财产分配为诸子均分制。兄弟多的家庭，一般在儿子成家后便平均分得父母财产，父母的那份财产由最后供养父母的儿子继承，大多为幼子。因此，福建村老人一般与幼子同住，儿子结婚后即分家，主要是平均分配山地所种植的橡胶。水田面积很少，基本不作分配，最后会留给供养父母的儿子。女儿没有继承权，但在“合亩”制地区黎族人的观念中，女儿虽然嫁出去，但仍属于本村的人，一旦守寡或无人赡养时仍可回到娘家，由兄弟照顾，因此，女儿与娘家关系仍较亲密。入赘的女婿被视为家庭成员，有继承岳父母财产的权利。

1950 年前，福建村为“合亩”制村落，家庭财产仍由儿子继承，无儿子的由其亲属继承，寡妇会将原属于她的那部分财产，如衣服、席子、首饰等带回娘家。父母生前住的房子，同一“合亩”的人需要时，都有权使用，但儿子有优先使用权。分财产时，要请本峒村头、保甲长等主持，还要请舅父、女婿等亲戚到场。无子女家庭收养的儿子或女儿同样承担奉养老人的义务，也享有继承财产的权利。在村民看来，财产的继承与分配基本不会产生矛盾，因为老人的财产有限。赡养老人是子女应尽的义务，而且黎族老人一般都很勤快，如果身体硬朗，很多老人会种植些瓜菜拿去市场上卖，赚得些零用钱。因此，村里并未出现一例因赡养老人或分配财产问题而闹矛盾的家庭。

（二）世系群

福建村现居78户村民分属于16个父系继嗣群体，黄姓继嗣群体14个，王姓2个。较大的世系群有2个，如图2.5：

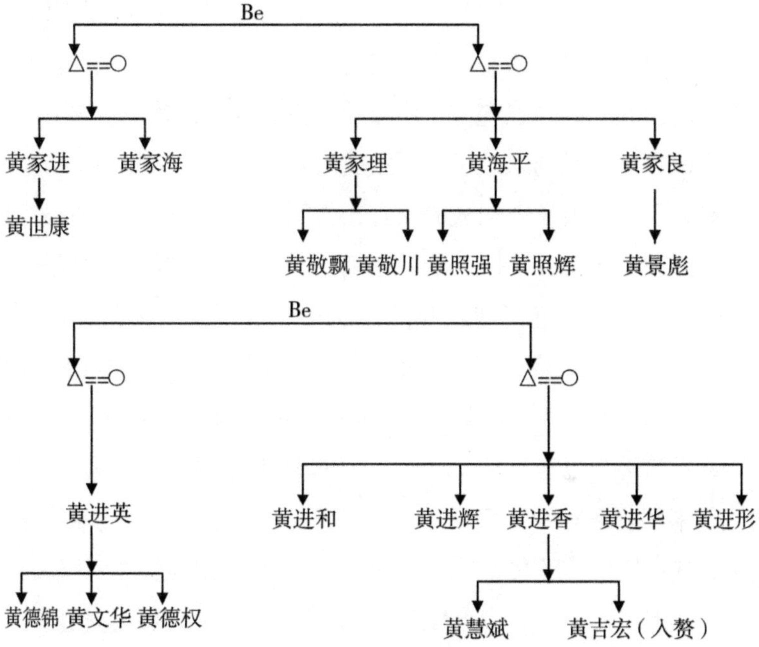

图2.5 世系群图

其中，黄进香家族最早定居在福建村。黄进香曾任福建村文书多年，有初中文化水平，是村里首推的“会讲的”人。据他讲，他的家族有上百年的历史，他的父亲参与了1950年前家族的“合亩”耕作。现整个家族为黄进香的五个弟弟（Be）与一个堂兄弟（FBS）及其后代。由于黎族没有保存族谱的习惯，仅靠代代口耳相传，因此，村民对家族历史的讲述显得残缺不全。据黄进香回忆，他的家族当时有很多田，四五代人一同耕作，最多时全家族有二三十人，外面逃难的人也可以加入进来。收割的粮食有时并不分配，而是放在粮仓里，没饭吃的人家可以拿桶来装米。这种“合亩”组织一直持续到20世纪60年代村里成立合作社。

（三）现有家庭组织形式

以往学界对“家”这一概念的探讨，可分为以下几种主要观点。奥尔科·朗（O. Lang）以家庭夫妇数目为标准，把中国汉人家庭分为三类：核心家庭、扩大家庭、主干家庭。核心家庭指一对夫妇及其未婚子女组成的家庭，同时也包含一些核心家庭的变形，如一对夫妇而无子女或夫妇仅存其一而与未婚子女所组成的家庭。扩大家庭指父母及其子女与两对以上的已婚子女组成的家庭，由四代或四代以上的成员组成的家庭。主干家庭则是介于以上两种家庭之间，即父母及其未婚子女与一对已婚子女组成的家庭（Olga Lang，1946）。库帕从功能的角度，将中国的家庭分为自然家庭、经济家庭、宗教家庭、氏族家庭（Kulp Daniel. H，1925）。庄英章则强调以若干核心家庭围绕着父母这一中心所形成的“联邦家庭”（庄英章，1972）。费孝通更强调从经济需求、政治、宗教等因素理解家庭的组织形式，他在江村研究中将江村的家庭分为四种类型：残缺家庭或不完整家庭；核心家庭，通常称作“小家庭”；主干家庭，即多核心家庭；联合家庭，即同胞多核心家庭，包括健在的父母，这类家庭称为“大家庭”（费孝通，1991）。

福建村的家庭同样表现出不同的类型。通过系谱调查得知，村内核心家庭有63户，比例高达80.8%。主干家庭有12户，不健全家庭有3户，不存在联合家庭。核心家庭是福建村主要的家庭类型，这主要是由于福建村有儿子婚后生育子女即分家的惯例，父母及未婚子女为一户。因此，小家庭类型占绝大多数。按照以往计划生育规定，黎族家庭可生两胎，如头两胎为女孩，允许生育第三胎。现阶段的生育政策只允许生两胎。因此，核心家庭一般为四五口之家，户均人数约为4.2人。村中主干家庭占总家庭类型的15.4%，主要有两种情况。一种是结婚未孕的年轻夫妇与男方父母同住，还有一种是年迈父母由家中最小的儿子赡养，由此构成的主干家庭户均人数一般为 6~7 人。在村中 3 户不健全家庭中，两户为单亲家庭，一户为孤身老人。联合家庭并不为村民推崇，按照他们的说法，“住的太拥挤了，兄弟间住久了会不和，吵吵闹闹的”；“住在一起，妯娌间也会有矛盾，迟早要分家”。但村民常说的是“分家不分工，干活还是一样的，家里有事都要一起搞”（见表 2.3）。

表 2.3 **福建村家庭类型统计表**

家庭类型	户数		人口		每户平均人口
	总户数	占总户数比例（%）	总人口	占总人口比例（%）	
核心家庭	63	80.8	264	75.9	4.2
主干家庭	12	15.4	80	23.0	6.7
联合家庭	0	0.0	0	0.0	0.0
不健全家庭	3	3.8	4	1.1	1.3
合计	78	100	348	100	4.5

二、福建村的婚姻策略

（一）婚姻概况

1950 年前，福建村为“合亩”制地区，仍沿袭传统黎族婚俗。大部分青年男女的婚姻由父母包办，除了从小定亲外，都要经历“玩隆闺”。“隆闺”，意为“无火灶的小房子”，据说女儿大了不便与父母同住，同村几个女孩子会自己上山砍木料回来，由父母帮她们盖一间闺房居住，一般建在村边。不同血缘的男女青年在“隆闺”对歌、谈心、弹奏乐器，通过一段时间的交往，彼此确定意中人。村民将去“隆闺”

谈恋爱称为“略亚”。经过一段时间“玩隆闺”，如男女双方情投意合，会各自向父母提出成婚意愿。如果父母同意，男方会到女方说亲，进入谈婚论嫁阶段。如果双方家里不同意便分手，彼此互不干涉。直至20世纪50年代，黎族“玩隆闺”的习俗还很盛行。60年代以后，黎族男女自由恋爱而结合的越来越多，少有父母包办。

黎族的婚姻缔结大致分为提亲、订婚和结婚三个阶段。据村民回忆，1950年前，男女双方订婚时男方送给女方的礼聘通常是水牛、光洋和黑布一块，富有的家庭会送铜锣，其中铸有青蛙的铜锣最为昂贵。结婚当日，新郎与新娘的同村人都会参与，帮忙杀猪、准备宴席等。婚宴上全村的青年男女喝酒、对歌，通宵达旦，非常热闹。

黎族女性婚后一般有“不落夫家”的风俗，即，妇女婚后并不马上住在婆家，而是回到娘家居住一两年或更长时间，丈夫在农忙或有重要事时才接妻子回去，直至妇女怀孕后才回到男方家，真正组建新家庭。在回夫家之前，黎族妇女去“玩隆闺”也是不受限制的。按照番茅村民的说法，由于1950年前女人十二三岁就嫁人了，年纪小还很贪玩，所以结婚后不会马上待在婆家，才会有“不落夫家”的习俗。事实上，这一风俗曾广泛存在于中国南方少数民族中，对其解释需另辟文处理。

近年来，由于受汉族文化的影响，番茅村中的订婚、结婚仪式简化了许多。提亲时，有的男方家庭会送整箱啤酒、饼干或饮料到女方家里，似乎有取代以往黎族传统提亲需要男方送米、糯米酒的意味。而订婚时男方也往往直接送礼金做礼聘，改变了以往送铜锣等具有象征意义物品的习俗。而且受汉族结婚仪式的影响，很多新娘会在结婚当日穿婚纱，新郎穿西装，婚礼上穿黎族传统服饰的情况越来越少见。此外，据村民讲，现今一些居住在市郊村落的黎族家庭，婚礼仪式也简化很多，不再像以往那样由家族内的亲戚帮忙操办，而是改为整个婚礼全部包给酒店。因此，酒宴结束后，宾客即离场，婚礼也就结束了，再没有传统黎族婚俗那种宴席持续整晚、宾客不愿离去的场面了。不得不说，黎族传统婚礼特有的喜庆氛围已开始停留在人们的回忆中。

（二）婚姻规则

根据20世纪50年代对冲山镇福关、毛利、什勋村的调查，119户家庭中，一夫一妻111户，占总户数的93.28%；一夫多妻3户，占2.52%；童养媳2户，占总户数的1.68%；其他婚姻形式占0.84%。①1950年前，村中也曾存在一夫多妻的婚姻形式。1950年后，按规定，黎族地区实行一夫一妻的婚姻制度。同时，按黎族固有的风俗，严禁同一宗族谱系血缘成员通婚，即“同姓不婚”是黎族社会严格遵守的婚姻规则。所谓同姓，指的是同黎族姓的人不能通婚，非汉族姓。按村民的说法，同一祖公的后代不能通婚，包括在“合亩”制时期，外村或外姓的人加入合亩，彼此认做兄弟，其后代也不能通婚。在他们看来，同一阿公即为具有同一血缘，后代通婚会生下残疾，而加入“合亩”的外来户如同亲兄弟一样，同样视为有血缘关系。至于村中哪些家族是同一祖公，村中老人会知晓，并在各种场合口头传承给后人，告诫其后代严禁同姓通婚。因此，福建村的亲属关系仅为一种，即同一父系的宗亲关系，不存在姻亲关系。

（三）福建村的通婚半径

在通什地区黎族民间固有的婚姻规则基础上，福建村成为典型的外婚制村落。调查得知，福建村的通婚半径不大，通婚基本限定在冲山镇范围内。据统计，冲山镇内其他村嫁入福建村的媳妇所占比例最高，为69.2%，村中20.5%的媳妇来自五指山市其他乡镇，只有两人来自海南省内其他市县。另有6位媳妇是原福建村人，丈夫来自外地，婚后定居在本村，当地人称为“男嫁女”（见表2.4）。

---

① 中南民族学院：《海南岛黎族社会调查》，广西民族出版社1992年版，第234页。

表 2.4 福建村妻源地统计表

来源地	人数	所占比例（%）
五指山市外	2	2.5
冲山镇外	16	20.5
福建村外	54	69.2
本村	6	7.7
总计	78	100

据村民讲，有一些媳妇本属于同一个村，一个嫁到福建村之后，由于熟识关系又有其他人陆续嫁过来。同时，在村民看来，海南其他支系黎族的服饰、风俗等方面与杞黎虽有不同之处，但同为黎族，大家的生活习惯大致相同，彼此通婚不存在问题。如果与苗族结合，会有很多不便，如在饮食上就会吃不惯。因此，尽管福建村地处市郊，汉化程度较高，但在婚姻对象的选择上还是有一定的优先性考虑，一定程度上成为村内媳妇大多来自于本镇范围的原因。此外，对于“男嫁女”，村民并无过多看法，一般为家中没有儿子的，也会招婿上门，承担赡养老人的义务，所生孩子仍随父姓，无需改姓。

三、福建村的社群组织

除了由家庭根据父系继嗣原则扩展形成的世系群外，福建村存在的社群组织还有两类。一是村内的正式组织，隶属于番茅村委会，在福建村设有一名村正、一名副小组长和一名妇女主任。村小组长负责传达番茅村委会及上级政府的各项指示，掌握村民户籍变动等日常事务。妇女主任常分管村中妇女的计生工作，定期上报上级要求的生育人员名单，显得颇为重要。村内这一组织是调控村落社会与国家之间关系的纽带。

村中另一组织是非正式的，在地方政府号召下，由村民自发组成的黎族织锦合作社与养殖专业合作社。黎族织锦合作社成立于 2007 年，由村民黄慧琼（化名）和刘香兰（化名）带头，组织村中妇女织黎锦，按照完成的黎锦件数计酬。随后发展为邻村妇女陆续参与进来，达到固定工人有三四十人的规模。织锦现已成为村民收入的主要来源之一。

养殖专业合作社成立于2008年，由村民刘香兰（化名）发起，村内七户农民自愿参与。合作社由社员投入一定资本、认购股份而成立，设有一名社长。合作社在业务上为社员提供生产资料、收购农副产品，提供机械、技术、信息等服务。现阶段村中的养殖合作社主要是养猪，养殖形式并无统一组织与安排，仍是以家户为单位进行，但建立合作社可以享受国家对合作社的各项优惠政策，因此，村民一旦有经济能力，都愿意加入进来。

目前，村中建起的这两种合作社对村民生活产生了重要影响。由于织锦采用的是黎族古老的腰织机，妇女聚集一起，席地而坐，边织边聊，年老的妇女同时传授织锦技法给年轻的女性或孩童，因此，织锦合作组织不仅在现实层面上构成村民经济收入的重要来源，也发挥着维系黎族村落社会团结、传承民族传统技艺的作用。

小　　结

以上是笔者根据为期半年的田野工作所描绘的福建村的基本生活图景。从村落的地理区位、生态环境到村落人群的生存状态，福建村既体现出中部地区黎族村落共有的文化形态，也让我们感受到由于地处市郊的地理条件，其更容易受到外界环境的影响，因此对于在村落生活过一段时间的外来者来说，能够明显感受到村庄具有较强的开放性。

福建村人常常回忆起番茅村曾经的辉煌，集体化时期作为海南自治州“样板村”的历史至今为人们津津乐道。近年来，村中数个合作社的成立，又为这个村庄的历史增添了厚重的一笔。在番茅人眼中，村庄每一段历史与故事的讲述都道出了番茅人之间亲密的情感，而这种共同体情感则与村落社会古老的“合亩”传统紧密相关。那么历经时代变迁，这一传统又将面临怎样的挑战呢？

第三章

集体化背景下的黎族『合亩』社会

如前所述，传统黎村社会基本上是自治的，以“合亩”内部构建的交换关系为核心实现地方社会的整合与运作。同时，历代中原政权通过安抚土酋势力、“以黎治黎”的策略逐步将国家权力渗透到地方社会。尤其从明代开始，王朝国家借助改土归流、编户齐民等路径，将黎族地区纳入到封建王朝的政治体系之中，加速了琼岛黎区的国家化进程。

相较于此，1947年，执政党通过政治动员划分阶级成分，尽管没有进行严格意义上的土地改革，但仍在“清匪反霸”运动中激发起底层黎族民众受封建亩头势力压迫的苦难记忆，并在此基础上迅速建立起村委会、民兵、妇联等农村基层组织，使党和政府的力量开始扎根农村最底层。1954年，以“番茅农村社会主义合作社”的成立为标志，黎族“合亩”地区加入到全国集体化运动之中，开始接受国家政权的改造。但与此同时，依靠土地形成的互助交换关系依然占据黎民生活的主体，在国家权力完全渗透的黎族村落，依然体现出浓郁的“地方性知识”。

第一节　民国及中华人民共和国成立初期的黎区治理

一、“清匪反霸，退租退押”运动

民国初年，海南的行政建制仍然沿袭清制。民国二十一年（1932年），广东省政府在海南岛设琼崖行政委员会，将“抚黎局”改为“抚黎专员公署”，并改“总管”为“团董”，团董下设保长、甲长。民国二十四年（1935年），海南国民党政府新设保亭、白沙、乐东3县，推行乡、保、甲制度。番茅地区为甲，由保亭县水满峒管辖。

中华人民共和国成立后，1949年10月至1950年9月，保甲制度被废除，保亭县在通什地区成立通什乡，番茅村被设为通什乡的一个表（1947年通什地区建政时，设乡、里、表三级，当时每个村选出一个人民代表，故把村称为“表”）。

1947年，包括番茅村在内的，地跨保亭、琼中、乐东三县的广大黎族“合亩”制地区获得解放。1951年3月18日，海南军政委员会公布《海南区土改工作计划》，决定在海南区开展土地改革运动，提出遵循“满足贫雇农的要求，巩固地团结中农，孤立富农，有步骤地有分别地消灭地主阶级”的土改总路线和“稳步加快完成土改，在稳定的基础上加快，在加快的要求下求稳”的基本方针，消灭封建剥削制度，彻底解放农民，解放农村生产力。1951年8月，土改全面铺开。至1954年11月，全岛除五指山腹地的“合亩”制地区外，土改全部完成，共征收地主富农的田地约54000亩，7770户无地和少地的农民人均分得1.8亩土地。

中华人民共和国成立之初黎族“合亩”制地区并未开展土地改革运动，也未进行其他民族地区以“确定地权，发土地证”为内容的土地调整工作，而是开展了“清匪反霸，退租退押”运动。有学者分析，这是因为在当时中国共产党认为，土改主要是废除封建土地所有制，实行农民的土地所有制，而处于原始社会末期的“合亩”制地区，虽然有剥削因素存在，但尚未形成以私有制为基础的对立的阶级，尚未进入阶级社会，更谈不上形成了地主阶级。① 中国共产党在分析黎族地区的具体情况后提出，1950年前束缚“合亩”制地区生产发展的不是封建土地所有制，而是土匪恶霸的压迫势力，他们侵占黎族群众的土地，逼迫黎民沦为其“龙工”、“龙仔”。因此，1948年，通什乡政府带领黎

① 王保前：《海南黎族合亩制地区三项改革浅论》，《中南民族学院学报》1986年第3期，第112页。

族群众开展了“清匪反霸”运动，没收逃亡外地的土匪恶霸的土地、耕牛给无地、少地的群众，使黎族同胞当家作主。同时，划分“奥雅弄”、“委雅”、“奥伐”、“龙仔”和“工仔”五种阶级成分，并在广大“合亩”制地区开展黎族同胞的“诉苦”运动。

“奥雅弄”被认为是“合亩”制地区的统治阶级和剥削阶级，1950年前一般充当国民党时期的团董、乡长、保长等职务。该区域解放后，政府首先镇压了一批“奥雅弄”，并没收了他们的耕地和牛只。在共产党组织的诉苦运动中，黎族民众对“奥雅弄”的痛恨是最强烈的，因此，这类控诉在中华人民共和国成立初期的政治材料中较为常见。如对福建乡“奥雅弄”王老关劣行的记录：

> 王老关的祖父原来很贫穷。但自王老关的父亲王老沙任伪团董后，前后掠夺来的耕地共一百多亩，牛只三十多头，铜锣二十多个，情况便发生了根本的变化。为了巩固和发展他的统治势力，王老沙便送他的儿子王老关到保亭县城读书，恰好与后来称为黎族大地主的爪牙王昭夷是同学，于是这两个黎族统治阶级人物便产生难解难分、臭味相投的瓜葛。
>
> 王老关的父亲王老沙死后，亩头和伪团董由王老关的长兄王老贤继任。王老贤更变本加厉地掠夺人民财产，当时，王老关已参与同谋策划，鱼肉乡民。王老贤死后，王老关继任亩头和伪团董的职务，其剥削手段更加狡猾阴险。到处勾结奥雅弄阶级当权派，例如保亭县城的王昭夷，通什乡的王老任、王老锐，毛道乡的王老本、王老暖，等等。
>
> 王老关的家中设有监房、镣铐等刑具，并豢养打手十多人。他任伪团董时，坏事做尽，罪恶如山。①

---

① 《海南黎族苗族自治州黎族合亩制调查资料》，1958年。

“委雅”是指以血缘关系为主的“合亩”中的亩头以及包含外来户的“合亩”中的富裕亩众，这一阶级成分占有较多的耕地、牛只，有些还占有“龙仔”、“工仔”。“奥伐”是人数最多的阶级，占有少量耕地和牛只，遭受的压迫剥削要大于“委雅”。而“龙仔”和“工仔”是受到压迫最为严重的，与投靠的龙公有一定的人身依附关系，是处于最底层的贫苦阶级。

在后来的民主改革中，这五种阶级成分分别对应地主、富农、贫农、中农以及雇农阶级。但在1954年对保亭县“合亩”制地区的实际调查中发现，中华人民共和国成立初期各阶级的界线并不十分明确：

> 在实际阶级划分上，因本区（保亭）未进行土改，只是1948年反霸时划分了一下，根据现在情况按政务院划分阶级的决定来看，富、中、贫、雇农的界线不是十分明确。租佃关系虽存在，但贫雇农亦出租土地，剥削关系在我们所去的三个乡都未发现。1952年征粮时曾经划分阶级采取群众评议工作组决定的办法，所划富农的标准是耕牛多、土地多、粮食有富余者，我们在调查时了解到所谓富农也有缺粮三四个月者。①

1963年，海南省政府响应中央号召，在农村开展“低标准”社会主义教育运动期间，番茅村（时称番茅大队）亩头的阶级成分再一次被划分为：贫下中农17个，占71%；上中农2个，占8%；地富5个，占21%。②

总之，1947年至四清运动时期，共产党和政府主要在1948年黎区开展反霸运动时对阶级成分划分的基础上，确定“合亩”制地区的阶级关系。相比于当时国内其他地区，除个别势力较大的亩头外，通什黎

① 《海南黎族苗族自治州各县调查资料选集》，1954年。

② 《番茅大队合亩情况的初步调查》，《冲山镇档案室内部资料》，1965年。

区各阶级之间的界线并不十分明显。而在一些学者看来，“合亩”中存在这一阶级关系、剥削关系，是“合亩”制解体的主要原因，有的学者还将其作为判断1950年前黎族“合亩制”地区社会形态的重要依据。①

二、“合亩”制地区的农业生产

1952年7月1日成立海南黎族苗族自治区，实现民族区域自治。随之，海南自治州地方委员会提出：“合亩地区，无论过去已否划阶级，亦无论现在有否地主富农，均不再划，现存在的土地遗留问题，当作农民内部问题，本着有利生产的原则，协商解决。”同时又着重指出：“对于合亩制坚决承认，予以保存提高，不能破坏，并作为互助合作组织形式的一种，要加强领导，给予在贷款、征粮、救济等方面的优待，以使其逐步改进，提高到半社会主义甚至完全社会主义的农业合作社。”②

这一指导方针的提出源于中华人民共和国成立后在农村推行“互助组”的时代背景。1951年9月，中共中央召开了第一次互助合作会议，讨论通过了《关于农业生产互助合作的决议》，并以草案的形式发给各地党委执行。1952年年初，海南在全岛农村发展临时互助组，其性质是在政府指导下由农民自发形成的组织，主要在农忙时互相帮助，不计报酬，以“工换工、工帮工”的形式运作。对于中部“合亩”制地区，历史久远的“合亩”关系本身带有强烈的互助合作特征，因此，在合作社未正式建立之时，“合亩”制仍然是中华人民共和国成立之初黎民农业生产的重要组织方式，在“合亩”内部及“合亩”之间的农业生产中常常互助合作。

---

① 见詹慈主编《黎族合亩制研究》论文选集中的多篇论文。

② 王保前：《海南黎族合亩制地区三项社会改革浅论》，《中南民族学院学报》1986年第3期，第112页。

根据这一政策方针，在当地政府的领导下，海南中部“合亩”制地区的农业生产有所改进，党和政府对缺乏耕牛、农具、粮食的贫苦群众进行了大力援助。但番茅村所在的保亭县第三区在耕作技术、耕作工具等方面仍相对落后，如，黎族群众对施肥、锄草不习惯，没有很好地掌握播种、施肥的时间。且黎民不善于使用水利，加之因地形关系，耕地大多夹在两山之间或一面靠山，山洪常常将作物冲毁，雨季一过又缺水，导致中华人民共和国成立初期合亩地区的粮食产量较低。

1954 年 4 月，依据保亭县农建科的统计数据和农村民众的反映，按全县人口、耕地及产量平均计算，黎族群众每人每年至少缺粮 150 市斤，缺粮三个半月。① 大多数人靠上山挖山薯、野菜作为食物补充。在经济作物方面，黎民仅在少数地区种植花生、白麻，但产量很低。保亭县在隶属海南行政公署和划归黎族苗族自治区后，全县经费靠上级下拨，收入全部上缴。据资料显示，1951 年、1952 年两年全县的收支尚能维持平衡，但在 1953 年，超支 72. 4%。②

此外，这一时期黎民在农业生产上的情绪问题也成为影响因素之一。由于中华人民共和国成立之初“合亩”制地区还未进行正式土改，只在 1948 年反霸斗争中划分阶级、分配土地，遗留下了“未确定地权，发放土地证”等若干问题，且在评定粮食产量时采取分片、分段划定等级的方式，以致黎民群众怕粮食增产后收入多了提升自身所处的阶级。一些富农、中农害怕土改，而有些贫雇农以贫为荣，等待政府救济、分配土地，还有一些人怕农业产量多，导致要负担的公粮数量加

---

① 《海南黎族苗族自治区各县调查资料选集》，《五指山市档案局材料》，第 18 页。

② 《海南黎族苗族自治区各县调查资料选集》，《五指山市档案局材料》，第 19 页。

重，等等。① 因此，这些思想负担一定程度上影响了黎族群众在农业生产上的积极性。

三、“合亩”制地区的社会生活

从海南黎苗自治区建立到农业生产合作社成立之前，1950 年前延续下来的“合亩”制不仅支撑着黎族社会的生计模式，同时也是黎民社会生活的重要组织方式，其直接体现便是生产、生活中的互助协作。

在对番茅村民的田野访谈中得知，中华人民共和国成立初期，无论“合亩”中哪一位成员修建房屋，从砍竹、采藤、割茅草到搭架修建，都可以请全村的人来帮忙，事后只需由主人请大家饮酒吃饭作为酬谢即可。“合亩”成员遇到经济困难时，他的兄弟和叔侄等亩内成员会积极帮助，互通有无。如果“合亩”中某一成员被罚，无法交纳罚款，必要时亩内会商议出卖合亩共有的土地和牛只，其他有血缘关系的合亩会共同协助渡过难关。同时，“合亩”成员对于抚养鳏寡孤幼也是义不容辞，如妇女丧夫后回到娘家，会得到其所在合亩的亲属照顾。当涉及本村的共同利益时，如修建水沟等公共设施，或是与其他村发生矛盾时，各“合亩”成员都会积极参与，视为己任。②

1950 年后，在党和政府的领导下，“合亩”社会的一些风俗习惯受到影响，较为典型的是生产禁忌和放寮习俗的改变。“合亩”地区的民众认为进行农业生产时要选择时间，在“牛日”、“虫日”、“马日”和“鸡日”不能下田干活，否则收成不利。同样，当遇到亩内有人去世时，死者家属在每月忌日当天也不能出工，少则 3 年，多则六七年。受这些生产禁忌的影响，黎民在一个月内有十二三日的时间不能下田，这

---

① 《海南黎族苗族自治区各县调查资料选集》，《五指山市档案局材料》，第 20 页。

② 笔者的访谈资料。

对农业生产有较大影响。在调查中了解到，番茅村第一任书记黄菊香是第一位打破生产禁忌的人，他曾亲自在禁忌日当天下田干活，示范给其他村民，并对村民进行思想教育，自此以后，番茅村的农业生产不受传统禁忌的影响。

前文已提到，放寮是1950年前黎族未婚青年男女选择心仪对象的主要形式，已婚男女也会参加。放寮期间遇女方怀孕的情况，如有未婚夫者，即结婚；如没有未婚夫者，也有人娶其为妻，并受到公婆的欢迎。但在1950年后，特别是在政府宣传教育民众禁止放寮后，这一风俗逐步被废除，非婚生子女的黎族女性会遭到周围人的歧视和非议，随之黎村中也出现了堕胎、虐婴等现象。

第二节 集体化时期的番茅黎村

一、全岛开展合作化运动

1953年2月15日，中共中央正式发布《关于农业生产互助合作的决议》。决议指出，在新区和互助运动薄弱的地区，有领导地大量发展临时性的、季节性的互助组。在有初步互助运动基础的地区，逐步推广常年互助组。在群众有比较丰富的互助经验而又有比较坚强的领导骨干的地区，有领导地、重点地发展土地入股的农业生产合作社。按照这一指示，海南全岛开展了互助合作运动。同年4月，自治州贯彻华南分局“关于稳定生产关系，安定农村生产”的指示。其中心内容是明确土改后农村的中心任务是全力发展生产。要稳定新的生产关系，按照“确保和巩固农民土地私有制”和“分散的、私有的小农经济的特点”来进行工作，不能急躁冒进；安定农村生产秩序，发展生产，继续改善人民生活。因此，在这段时间内，互助组得以健康发展。

海南自治州的互助合作运动首先从完成土改较早的崖县、陵水汉区开始，发动农民开展两条道路的思想斗争，同时结合开展互助组活动，按照自愿互利、典型示范和国家帮助的原则，组织起一批带有社会主义萌芽性质的互助组。互助组运动初期，政府以尊重农民自主自愿为原则。尽管海南岛内很多农户有互助的传统，但除“合亩”制地区外，大多为临时、松散的互助形式，要在短时间内按照政府意志改为常年稳固的互助组，农户并不适应。因此，全岛加入互助组的户数较少，1953年中期，全岛加入互助组的农户仅占总农户的0.87%。

1953年下半年，中央政府提出当前全国的农业合作化运动发展过慢，要求以更快的速度发展。为执行这一指示，中共华南分局提出将全岛40%以上的农户组织起来的目标。加上1953年11月，中共中央发布了《实行粮食计划收购和计划供应的命令》，较大的压力激发了农民组织起来的意愿。至1954年夏，全岛常年互助组的农户占到总农户的7.8%，1955年1月占到25.9%。

1953年12月，中共中央公布《关于发展农业生产合作社的决议》，进一步推进了农业合作化运动。1954年1月，海南召开第一届互助合作工作会议，根据中共中央精神，确定今后开展互助合作运动的方针为：大量发展临时互助组，积极发展和提高常年互助组，办好农业生产合作社。在这个方针的指导下，同年春，开始在部分地区试办初级农业生产合作社，崖县、陵水汉区列在其中。同年底次年初，海南初级农业生产合作社从试办阶段进入普遍发展阶段。

海南中部山区各县的互助合作运动稍晚于岛内其他地区，但在生产运动中先后组织过一些生产队、帮工队和生产组。生产队是1950年年初为帮助缺乏劳动力的烈军属而组织的，以一里或三四村为一队，队以下分小组，主要任务是砍山种山栏。帮工队是1951年为解决烈军属、筑路民工家属、缺乏劳力的寡妇和部分农民的生产困难问题而组织的，指定一村为一队，任务是在农忙时进行无偿的帮工。生产组是1953年初在帮工队的基础上组织的小村编一组，大村编两组，每组设男女组长各一人，主要是农忙时妇女之间进行一些换工。1954 年冬，中部山区各县开始发展互助组，形式有两种：一种是简单的临时互助组，大多是在过去原有的帮工队或生产组基础上改编而成，农忙时仍以帮工形式进行互助；另一种是在共同劳动的基础上，实行初步排工和记工的常年互助组。为取得少数民族山区办合作社的经验，海南州委于 1954 年 10 月分别在“合亩”制地区和小农经济地区试办起番茅农业生产合作社和新兴乡农业生产合作社。

二、从番茅初级社到番茅大队

1954 年在番茅村办起的初级农业生产合作社是集体化时期海南州委在黎族“合亩“制地区办社的第一次尝试，这在番茅村的历史上留下了浓重的一笔。

番茅初级社是在原番茅村 3 个“合亩”和 1 个单干户的基础上建起来的。全社共 13 户，58 人（男女各 29 人）。其中，全劳动力男 15 人，女 17 人；半劳动力男 4 人，女 4 人。共有土地 110 亩，包括水田 58 亩，旱田 12 亩。共有牛只 33 头，其中耕牛 8 头。

按照州委对“合亩”制地区办社的指导方针，初级社在传统“合亩”合伙经营的基础上，重点改革劳动分工方式、分配方式等。并且对亩头进行团结教育，培养吸收亩头中出身贫下中农的积极分子参加合作社的领导工作。同时采取加入初级社的统一方式：土地入股、集体经营，按劳动和土地分红。土地入股即根据土地好坏、耕作难易等判定产量，以常年产量入股，或是以土地实际产量入股。分红则是按入股产量，给土地固定报酬，其余扣除生产投资、公积金、公益金，连同增产部分，归劳动力所有。

番茅初级合作社的具体做法是：在生产资料方面，采取“合亩”所有土地除每户半亩自留地种植瓜菜外，其余全部不计报酬，由合作社联片经营，共同使用；在原有“合亩”的基础上，耕牛全部入社，将原来私有、私养、私用变为公有、公养、公用，但入社后产下的小牛由社员与集体平均分配；同时牛只出卖时要征求合作社的同意和批准；在农具使用上，按照过去“合亩”制时期的习惯，大、小农具一律由社员自带公用，损坏无修，无报酬；改变过去的平均分配方法，采取劳动力按等级记工的方式，老人、儿童在分配时给以适当照顾。

随着全国农村合作化运动的迅猛发展，农业高级合作社迅速在全国范围内普及。1956 年，在番茅初级社的基础上办起了番茅高级农业生产合作社，其被称为“保亭县通什镇福建乡（番茅）高级农业社”，也是全岛第一个高级合作社。随后，通什镇共办起 15 个合作社，全岛进入合并形成高级合作社的历史时期。1956 年初，全岛参加高级社的农户占到总农户的 55. 14%。到 1956 年秋季，全岛加入高级社的农户达到总农户的 93. 89%。

番茅高级社由 27 个“合亩”及一些单干户组成，共 164 户，576 人，劳动力 270 人。共有耕地 1111 亩，其中水田 765 亩，旱田 186 亩，坡地 150 亩。较于初级社，高级社取消土地分红制，财务、生产计划、产品分配由社统一管理。并实施社内三级制，在社下设农业区，区下设生产队，生产队实行定额包工，按劳取酬。1957 年，实行“三包一奖”，即“包工、包产、包成本、超产奖励”的管理制度，生产队包工到组和田间管理到户的责任制。

番茅高级合作社在具体实践中，将劳动组织由社内三级制改为二级制，社下设生产队，每队设男女正副队长各一名，每队劳动力 20～30 名，生产队按照原来的“合亩”组成。并且划分生产耕作区，全社几个队划为十几个耕作区。方法是把全社的土地按面积、水旱等级、难易程度排序，全社男劳动力除去养牛员、学生、副业人员后得出固定劳动生产社员，全社土地面积平均后，得出每人应耕种 6. 5 亩。再根据耕种土地的远近、照顾水旱地等便利程度加以平衡，把土地划分给队，耕牛固定到队及个人。资料显示，番茅高级合作社成立后显示出合作化的优越性，粮食产量获得很大提高。1956年早造水稻产量实收19.5万斤，比1955年增产182%。晚造水稻产量289500斤，比1955年增产40.8%。1956年全年副业收入9832元，比1955年增加39%。扣除各项投资、公积金、公益金后，平均每户分得224.28元，每人平均分得66.45元，比1955年每人增加24元。①

1958年，党中央提出了“鼓足干劲，力争上游，多快好省地建设社会主义”的总路线，提出“在当前形势下，建立农林牧副渔全面发展，工农兵学商互相结合的人民公社”，随后发展为农业生产大跃进和人民公社化运动。

1958年4月8日通什镇生产大跃进的宣传教育材料写道：

> 为进一步执行中央有关坚决彻底反右倾保守思想，力争生产大跃进的指示，省委、州党委多次指示，要求我们以万分的革命干劲，打破常规，重新修改了十分宏伟的生产计划。根据州党委的要求，保亭县委规划，在粮食方面，到1962年，保亭县要达亩产900斤，争取1000斤，对通什镇的要求更高，因为通什镇条件较好，故要求我镇今年亩产要达550斤。
>
> ……
>
> 能不能大跃进？有些人对我们这个宏伟的生产计划，思想是没有信心的，如番茅社番通队黄某某谈到大跃进时便说：行路就想到海口（意思是不相信番茅社58年能实现亩产800斤）。不少人思想有抵触，这些人的怀疑是没有根据的，我们就是可以而且一定能够实现的。理由：首先我们有英明伟大的中国共产党和毛主席的正确领导，这是决定性的保证。其次，我们现在进行社会主义革命，社会主义制度有无比的优越性。……②

---

① 《保亭县福建乡（番茅）高级农业社情况介绍》，《五指山市档案局内部资料》，1956年。

② 《五指山市档案局内部资料》，1958年。

1958年9月7日，根据海南州党委的指示，保亭县通什镇试办起黎族“合亩”地区第一个人民公社，时称“红旗公社”，据说当日有3000多人集会庆祝公社成立。通什红旗公社包括4个高级合作社，即原保亭县通什镇的番茅、福安、番赛、福利高级合作社，2个移民垦荒社，1个副业社，4个下放干部农场，此外还包括通什镇的合作工厂、合作商店、五金社、缝纫社、搬运组、洗染社等组织以及一些单干户，全社共1476户，5529人。① 现今番茅村中保留的“番茅大队部”办公室是在当时的旧址基础上翻建的，里面挂有人民公社时期的老照片，承载了集体化时代番茅人的共同记忆。

在试办通什镇红旗公社的经验积累下，海南全岛掀起了人民公社化高潮，仅在1958年8—9月间，全岛共办起41个人民公社，入社人口达100%。这种草率蛮干的做法使高指标、浮夸风严重泛滥，农村生产力遭到很大破坏。1961年以后，海南自治州贯彻党的八届九中全会方针，调整农村生产关系，确定了农村人民公社三级所有、队为基础的经济体制，使农业生产得到了一定程度的恢复和发展。

按照《通什镇试办人民公社工作方案》，通什人民公社下设大队、小队和各种不同的专业队。原则上原来的小社就是公社的大队，即原番茅高级社现为番茅大队；原来的生产队即公社的小队；经济作物、畜牧等方面一般是组织专业队专管。② 在农业生产方面，仍根据水利土质等条件划分耕作区，劳动力、畜力、工具在原基础上适当调整。公社对社内各级组织和部门按季确定适当的生产指标和建设任务，在财务管理上统一制定投资计划，采取包干制和计划供应的方式进行资金的使用和管理。在社员分配上采取固定工价、按劳付资的办法激发社员生产积极性，即先把每个劳动日应得的报酬按生产计划得出并固定下来，再按社

① 五指山市冲山镇档案室资料。
② 五指山市冲山镇档案室资料。

员所得劳动日计发工资。

从1952年到1962年的十年间，黎族“合亩”制地区同中国其他农村一样，经历了生产和管理体制上最大的变革。国家力量以前所未有的规模对农村社会进行集体化改造，使黎族农村在三级所有、队为基础的组织模式下进行生产和劳动。然而，这一模式对“合亩”制地区的黎民来说并不陌生，因为按照政府要求，该地区的集体化就是在保留原“合亩”模式的基础上进行的，“合亩”内部劳务交换、互助合作的关系并未发生改变。共产党领导的合作社模式下的社员生产同样是基于这一集体劳动的协作关系，即使在人民公社时期，仍然是以队为基础进行管理的，而生产队又是在原“合亩”的基础上形成，队长即原来的亩头，生产资料入社是对合亩时期作出的调整。因此可以说，集体化时期黎村的生产组织从本质上并未摆脱“合亩”制的内涵，党和政府正是利用黎族的“合亩”传统顺利地实现了中部黎区的集体化。而“合亩”关系最大变动之处在于组织管理形式及分配方式上，本章下节将会谈到。

三、农业生态格局的转变

集体化以前，旱作农业是番茅村乃至整个保亭县的主要农作方式。全县大部分地区旱地作物如旱稻、薯类、玉米等占据着与水稻相当、甚至超出的比例。

研究者曾通过对全岛土地资源的勘察得出，1950年前水田主要分布在海南东北部和东部地区，北部次之，水田分布最少的地区是西南部和中部。旱田和坡地的分布也是这一格局。① 司徒尚纪根据土地类型和作物组合分布，划分出近代海南农业生态格局片区，其中“中南部山

① 广东省海南区亚热带资源开发委员会：《广东省海南岛热带亚热带资源勘察资料汇集》第二部分，1956年。

地丘陵森林——杂粮区，约占全岛面积一半，为少数民族地区。人口稀少，开发最迟，少数地区仍停留在原始社会残余状态，是本岛森林，荒地面积最大地区，经济发展水平很低，其中乐东、白沙、保亭三县是广东仅有的最差的五等县。林产除外，生产黎米、牛只，还有薯、玉米、粟等杂粮，呈垂直分布，广泛流行刀耕火种。"① 按照司徒尚纪的划分，1950 年前琼岛中部地区的旱地种植占据粮食作物生产的很大比重，同西南部地区一起构成全岛最大的旱作农业区域。

之所以形成这种生计格局是与中部"合亩"制地区的地理环境、村民的耕作技术以及农业生产习惯等密切相关的。包括番茅村在内的琼岛中部山区自然条件优越，属热带海洋季风性气候，气候条件良好，雨量充沛，适宜多种作物生长，既能发展水田农业，也能发展旱作农业。境内的五指山为海南第二大江昌化江的源头，该地水源丰富。但由于 1950 年前黎民不懂水利，不擅长引水灌溉，水田产量始终不高。同时，黎民按照当地传统的耕作习惯，大多靠牛踩田使泥土松烂，且不注重田间管理，不进行除草，加上中部山地属花岗岩地质，岩石经风化作用，内含石英很多，土中含腐植质较少，肥沃率不高，黎民也没有积肥与施肥的习惯，所以水田产量一直不高。因此，旱地种植和刀耕火种的山栏种植在当时较为普遍。据番茅村民回忆，1950 年前水田基本上是单造的，产量不高，相比之下旱地作物的种植数量较多。

根据 20 世纪 50 年代对黎族"合亩"制地区的社会调查这一点也得到印证。据调查，1950 年前保亭县通什乡共有耕地（包括"山栏"）2698.5 亩，其中旱田 1642.5 亩，占全乡耕地总数的 60.8%；水田 504.5 亩，占全乡耕地总数的 18.6%；"山栏" 551.5 亩，占全乡耕地总数的 20.4%。与通什乡相邻的毛道乡也有类似情况，毛道乡的旱田占比 41.1%，水田占比 31.6%，山栏占比 27.2%。② 可见，1950 年

① 司徒尚纪：《海南岛历史上的土地开发》，海南人民出版社 1987 年版，第 165 页。

② 《海南黎族社会历史情况调查资料》第四册（内部参考），1958 年。

前全乡的耕地面积中旱地面积要大于水田面积。而从1952年番茅村农业生产的统计数据来看，旱作农业面积为425市亩，水田耕作面积为472市亩，二者所占的比例几乎相当，也表明这一时期的水田农业尚无优势（见表3.1）。

表3.1 **番茅大队粮食作物面积及产量**

（1952年、1956—1964年）

（单位：亩、担）

年份	粮食作物合计		水稻（亩）	旱稻（亩）	什粮面积（亩）		
	面积（亩）	总产量（担）			番薯	木薯	玉米
1952	897	1593	472	207	11	—	207
1956	1200	2771	1023	82	20	—	75
1957	1254	3594	1143	52	29	—	30
1958	1220	3728	1048	50	27	33	62
1959	1359	4492	1026	40	177	40	166
1960	1781	5245	1248	60	230	125	118
1961	2084	5554	1176	140	508	100	160
1962	1965	4958	1170	168	627		
1963	1701	5043	1236	59	406		
1964	1289	6024	1150	—	139		

资料来源：五指山市档案局、冲山镇政府档案室资料。

“合亩”制地区解放后，通过共产党的宣传教育和逐步引入先进耕作技术，通什乡的水田农业得到发展。随后开展的轰轰烈烈的集体化运动更是对黎村粮食生产产生了重要影响，政府普遍推广使用铁犁铁耙、打谷机等农业机具，改变了原始的刀耕火种、牛踩田、手捻稻等落后耕作方法。1957年番茅大队建起番空水利，把挂在山坡上的570余亩旱地改为水田，解决了灌水问题。并在一个月内挖了6条排水沟，用石头砌好14个分水闸，开了21条排水沟，做到排灌分开。通过兴修水利，番茅水稻种植规模进一步扩大了。

第一个五年计划时期，海南全岛农业生产迅速发展。农业总产值从1952年的2.57亿元增至1957年的3.638亿元，增长41.4%，平均每年增长7.2%。其中，粮食总产从56.9万吨增至81.95万吨，增长44%。① 相一致的是，这一时期番茅社的水田面积显著增加，从1952年的472亩增至1957年的1143亩，增长142.2%；而旱作农业面积则从1952年的425亩锐减至1957年的111亩（见表3.1）。这表明此时水田农业已经开始占据番茅社农业生产的核心地位。正是在水稻高产的带动下，全社粮食总产达到增长125.6%的局面，体现出合作化初期农业生产的良好势头。

1958年夏，为贯彻“鼓足干劲、力争上游、多快好省建设社会主义”的总路线，全岛开展农业“大跃进”和农村人民公社化运动。1958年冬至1959年春，农村刮起“共产风”和浮夸风，农业生产上出现瞎指挥、高指标等现象，严重破坏了农业生产。据资料显示，海南全岛1958—1960年连年大减产，1959年粮食总产57.4万吨，比1957年下降42.7%。1960年平均每人占有粮食189公斤，口粮不足部分以杂粮、瓜菜等补充。② 同样受此影响，番茅大队出现了1958、1959年水田面积持续减少的局面。1959年水田面积跌到历史最低，仅为1026亩，比1957年减少11.4%。出于对粮食的需求，人民公社时期旱地作物面积显著提高，尤其是什粮面积在1958—1961年连续攀升，从1958年的172亩增加到1961年的900亩。这说明为补充水稻的供应不足，

① 海南省地方史志办公室编：《海南岛省志》第7卷《农业志》，南海出版公司1997年版，第63页。

② 海南省地方史志办公室编：《海南岛省志》第7卷《农业志》，南海出版公司1997年版，第65页。

黎民只能大面积耕种旱地作物作为食物补充。

针对1958年后出现的情况，1960—1961年中央开始政策调整，恢复以生产队为基础的三级所有制，贯彻“以粮为纲，全面发展”的方针。受此影响，番茅大队的水田面积从1962年开始增加，粮食总产量也在经历了1962年4958担的低谷后，开始呈上升态势。

根据以上农业统计数据的变动情况进一步分析，便可清楚看到集体化时期番茅大队的农业生态格局经历了较大调整（见图3.1）。受国家力量影响，番茅大队从1950年前水田、旱地耕作比例近乎各占半数的情况，转变为集体化时期以水田农业为主的农业生态模式，并在第一个五年计划结束时达到高峰，即1957年水田面积占据当时粮食作物总面积91.1%的比重。后来又受当时中央政策的影响，1957—1961年间水田农业处于下滑状态，黎民对水稻种植失去信心，转而发展旱作农业。直至1962年国家农业政策调整后，番茅大队的水田耕作比例才重新上升，超过旱地种植，占据农业生产的主导地位。

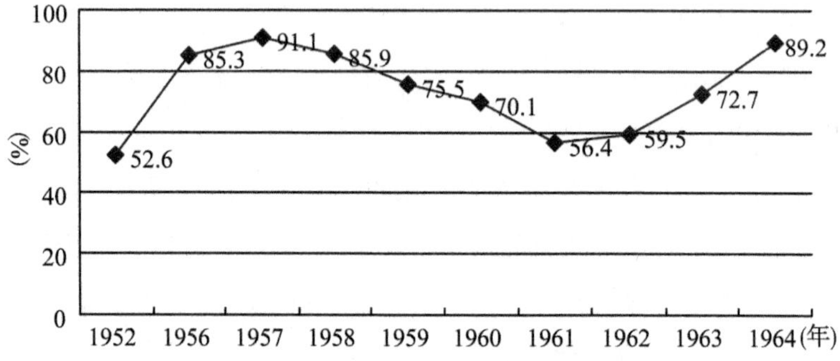

图3.1 番茅大队历年水稻面积占粮食作物总面积的百分比

此外，这一时期热带经济作物种植也得到初步发展。1959年番茅大队个别农户开始种植花生、甘蔗，但数量较少。据1959年、1960年的统计，全队花生、甘蔗种植面积维持在10亩左右，其中1961年花生种植面积增至30亩。① 这与作物生长的气候条件等有关，甘蔗原产热带，要求高温多雨的气候条件，尽管海南全岛温差不大基本能满足甘蔗生长的温度需要，但年平均降雨量差别较大，使得甘蔗生长有差别。据了解，全岛最适宜甘蔗种植的区域主要集中在东南部和西部地区，五指山中部山区属于次适宜区，因此一定条件下限制了甘蔗的广泛种植。花生是海南岛的主要食用油料作物，在全岛种植面积较大，主要集中在沿海四周的沙土、沙壤土以及河流冲击土地区。但因为山区种植条件不够充分，至今通什地区的花生种植未成规模。

相比之下，橡胶、咖啡等作物是集体化时期开始引入种植的热带经济作物。据载，这两种热作物的种植可追溯至1902年和1908年，当时有华侨从马来西亚引进第一批橡胶和咖啡苗，种于海南儋州那大附近，这是我国首次栽培橡胶和在海南种咖啡。1910年，乐会人何麟书从南洋引进巴西橡胶于定安洛河沟（今琼中地区），拓地250亩，成立琼安公司，试种4000余株获得成功，第三年便深入五指山水口田栽种。②

番茅高级合作社建立后，曾提出发展热带作物计划，但终因种种原因未能施行。在1958年通什人民公社成立后，以公社办农场的形式开始引入热带作物种植。当时公社成立后，立即抽调400个劳动力办起两个农场，共完成橡胶、油棕、咖啡、丁香、香茅、胡椒、薄荷等育种491亩（另椰子苗9000个），并定植了1905亩。由于技术和投资关系，时间较长、技术性较高的作物交给附近国营农场经营，只留下经营技术性较低、收入快的作物在农场内种植。③ 时至今日，在番茅村民的记忆中，橡胶的初次引入种植也是在合作化时期。当问起如何学会割胶技术时，村民回答：

---

① 五指山市冲山镇档案室内部资料。

② 司徒尚纪：《海南岛土地开发》，海南人民出版社1987年版，第153页。

③ 黄向清：《人民公社繁荣了五指山》，《中国民族》1960年第1期，第18页。

> 割胶技术我们基本会做了，因为以前村大队都有农场的，大概六几年那时候，我们跟着学的，大家基本会的，一讲怎么割胶啊，都懂的。(种橡胶）这个东西就怕你不搞，如果你勤劳的话，经常锄草啊，施肥啊什么的，橡胶是很容易管理的，你爱去管它就行了。

综上，集体化时期，由于国家行政力量的介入，番茅村的生计模式由以旱作农业为主转变为以水田农业生产为主、旱地农业发展为辅，同时引入多种热带作物种植的农业生态格局。尽管热带作物的种植初露端倪，但为20世纪80年代初海南响应国家提出发展以橡胶、甘蔗等热带作物为主的多元化农业发展路线奠定了基础，这一格局也深刻影响到80年代后期番茅村黎民的收入来源。

第三节 集体化时代的“合大亩”

一、合作化时期的劳动组织与管理

在20世纪50年代在黎族农村开始的合作化运动中，“合亩”制成为社会主义改造的特殊对象。番茅村所经历的从“合亩”制到人民公社的历史跨越，一方面使我们看到国家力量对农村基层社会的牢牢控制，另一方面也体现出“合亩”组织的公有性质与社会主义集体所有制之间的微妙关系。

1954年，番茅成立初级农业合作社，迈出了合作化运动的第一步。对当时习惯依附于土地而形成共耕关系的黎民来说，无疑存在各种顾虑，“亩头怕办社后拆散合亩；亩员怕办社后不好生产，怕人多了不团结；青年妇女甚至怕办社后不好谈恋爱找对象”。海南自治州党委根据当时“合亩”制地区的情况提出：“对于合亩制坚决承认，予以保存提高，不能破坏，并作为互助合作组织形式的一种，要加强领导，给予在贷款、征粮、救济等方面的优待，以使其逐步改进，提高到半社会主义甚至完全社会主义的农业合作社。”根据这一指示，州政府将番茅村中3个合亩和1个单干户统一起来，组成番茅初级社，并未拆散旧的合亩。当时合作社时期的工作材料反映了黎族群众的心理状态：

> 党和政府根据合亩制地区特点及群众的思想顾虑帮助我们分析和确定办社的方法，使我们认识到合亩制和农业社基本上是集体经营的经济，认识到组织农业社能解决合亩制中不合理的现象，因此能够保证生产发展，增加收入。方法上采取合大亩的形式，普遍深入开展宣传教育工作，会前动员和个别发动互相配合打通思想，和亩头商量，保证亩头在大亩中同样能当干部的地位。①

由此可见，对“合亩”制地区的群众来说，合作社只是对“合亩”制的扬弃，仍然是集体经营，不同的是“合亩”规模变大了。因此，人们较容易接受和认同“农业生产合作社”，并习惯性地称其为“合大亩”。事实上，此后陆续成立的番茅高级社、人民公社，都是以“合大亩”的形式进行的，原“合亩”时期黎民依靠土地形成的群体之间的交换关系依然在集体化时期延续。

早在1952—1954年社会主义改造初期，整个“合亩”制地区的“合亩”改称“生产组”，原亩头改称组长。亩头仍按原来的风俗习惯及传统地位来领导和决定生产大事，同时在亩众中增选一名生产组长，协助亩头具体指挥和领导“合亩”生产，并带有在“合亩”内专做思想政治工作的意味。中华人民共和国成立之初，中南民族学院对乐东县

① 五指山市冲山镇档案室资料，1954年。

第二区毛农乡毛或村的实际调查就报告了这一情况：

> 1954年在村内进行普选工作时，在工作队同志的指导和帮助下，除亩头外，另由亩众在亩内选出一个组长，以加强“合亩”的领导力量，并将“合亩”改称为“生产组”。目前一般亩众仍习惯称“合亩”为“亩”，不习惯称为“组”。①

1954年番茅初级社成立，是由3个生产组（原3个合亩）合并而成，并选举亩头王元昌为社长，这便是群众所说的第一次“合大亩”。1956年番茅高级合作社建立，将7个自然村合并，每个村设为1个生产队，大村分为2个队，全社一共10个生产队，20个生产队长。因此高级社采取的方式是社内分二级，社下为生产队，生产队下为27个生产组。这一时期的组织主要是在原番茅村的基础上，合并多个“亩”、联合多个村，形成生产队，再一次扩大原“合亩”的规模。另外还组成监委会，生产过程由生产队直接领导，包括排工、记工分，监委会则督促生产计划执行情况，及时解决问题，改变过去只由亩头自己领导、“叫做就一起做，不做就一起停”的现象。

在1958年成立通什人民公社时期，番茅高级社改为番茅大队，原生产队变为生产小队。尤其在1961年全岛对人民公社进行了一系列的整顿和调整工作后，明确规定了“三级所有，队为基础”的管理体制，并在具体管理中实行公社对大队、大队对生产队实行“四包”，生产队对专业队或生产组实行“四固定”和“六定四到田”，生产队对社员实行定额考勤、评工记分的管理制度。由此可见，人民公社时期番茅大队的劳动组织与管理尽管以个体社员为单位进行工分考评和核算，但仍未脱离生产组的“小集体”，全大队实行包产到小队、小队再包产到组的

① 中南民族学院：《海南黎族情况调查·第一分册：“合亩”制地区》，1954年。

工作机制（见图3.2）。

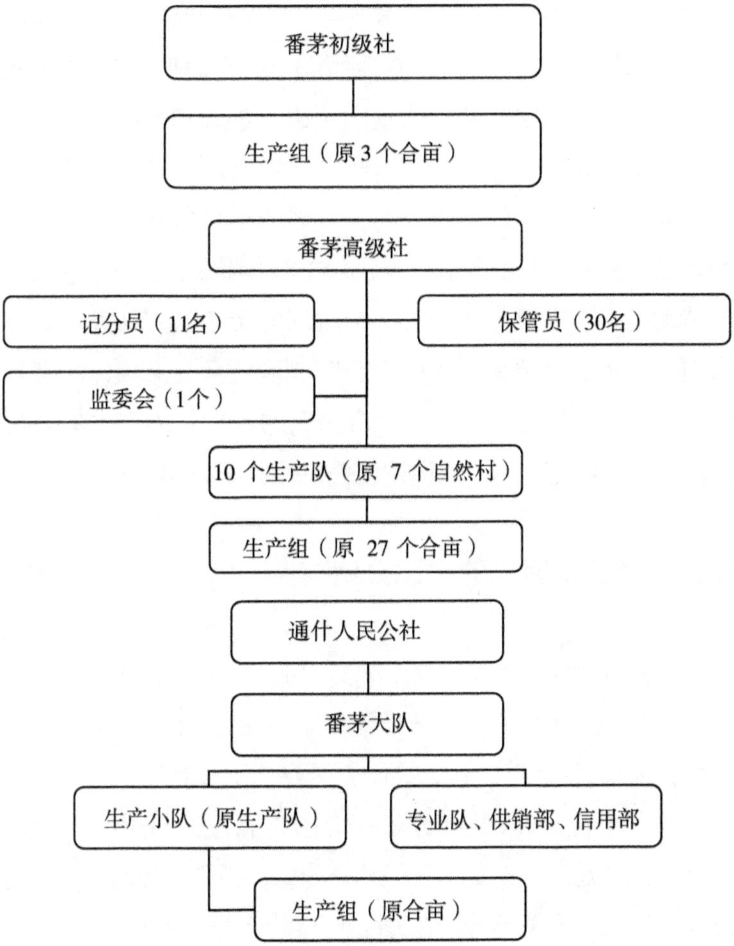

图3.2 合作社时期番茅村的组织架构图

因此，从合作社时期集体劳动的组织形式来看，以农民个体为劳动单位的情况尚不明确，队内的劳动仍以生产组为单位进行，而生产组的原初形态便是以土地为核心所组成的“父子”、“兄弟”及其他“合亩”形式。而在合作社时期每次政策调整并未改变或撤销生产组，这也就使黎族原有的互助交换的意义和力量得以延续。同时，合作社时期的包工、定额等劳动管理方式也是通过生产组指向社员个人，如1957年农业合作社根据下达给生产队的生产计划，对生产队实行包工、包产、包成本，超产提成奖励工分或现金、实物，减产扣分受罚，并在“三包一奖”基础上实行生产队包工到组和田间管理到户的责任制。人民公社时期的“四固定”和“六定四到田”的管理同样是将劳力、土地、耕牛、农具等固定到生产组，再包工到个人。这些无疑表明“合亩”所具有的生产要素的集体公有、共同劳动和各种互助在整个合作社时期仍然保持很强的生命力。为此，在本书看来，集体化时代“合大亩”的劳动组织方式带有“合亩”制时期的影子，劳动管理上也保留有“合亩”制的若干要素，从“合亩”制到社会主义集体所有制最核心的变革之处在于分配方式，从“合亩”时期的按人口平均分配演变为合作社时期的按劳取酬，具体体现为实行“工分制”。

二、集体经济时代的“工分制”

在集体经济时代，番茅村同中国其他地方一样，以生产队为核算单位，共同劳动、集体分配，在分配制度上改变了以往“合亩”时期的平均分配，采用“按劳分配”，具体表现为“工分制”。

岛内合作社成立初期，在劳动管理上实行评工记分有几种做法：一是以日计工；二是以时计工；三是死分死记；四是活分活记；五是死分活评或按件计工。番茅社最初在分配上未实行按劳分配，而是把劳动力评为三等计工分，并结合奖励，对没有劳动力的老人、小孩也给一小部分固定的工分，鼓舞社员生产积极性。

随着社员思想意识的提高，合作社逐步推行定额管理和短期排工。当时的工分制是按社员体质的强弱、生产积极性来评定社员底分，共分为五级（10~6分）。据资料显示，刚开始实行时，社员不愿接受排工，认为不自由。社领导也反映包工增加麻烦，不好领导。女社员提出包工做不完不能回家，给小孩喂乳不方便。后来经过合作社宣传包工的好处，并通过培养队长如何排工，记工员如何记工，逐步实行生产定额制。当时在“包工、包产、包成本、超产奖励”的“三包一奖”时期，番茅社社员有70%能超出定额完成，20%保持完成定额，10%达不到定额。1956年10月，番茅高级社有生产队长20名（女8名），保管员30名，计工员11名。社委安排工作和分工，生产队长初步掌握排工，计工员基本掌握计工，能够做出队的工分月报表以及登记各项收入数目。至此，工分计酬全面展开。

与此同时，除集体劳动外，国家也给农户留下了一定空间：一是允许家户内饲养家畜（耕牛除外）；二是给各家户保留一定自留地，并规定园地面积最少不少于三分，最多不多于五分，该地上的收入全部归该家户所有。据1956年番茅社年终统计，全社共有生猪365头，三鸟（鸡、鸭、鹅）1252只，狗116只。

人民公社初期，分配上实行半供给半工资的分配制度。半供给制是以村或生产队为单位大办集体食堂，实行一天三餐干饭不要钱，保证吃饱。半工资制是采取基本工资加奖励工资的方式，工资等级是按思想觉悟、技术水平和创造发明、体力强弱以及劳动态度评定，评级以后由公社逐月或按季、按级发放工资。为使工资级别评级准确合理，并刺激社员劳动责任感，规定每三个月或半年调整一次工资级别。但这种分配制度再度出现了平均主义。后来，根据1961年全岛人民公社的调整，改为生产队对社员实行定额考勤，评工记分。即统一规定每个定额一律10分，每天按社员完成定额的多少发给工票，定期将社员应得的工分记上劳动手册。这在一定程度上调动了农户的积极性，农业生产得到逐步恢复和发展。

因此，集体化时代的“工分制”是对“合亩”制的重大变革，在保留“合亩”时期集体所有、共同劳动和互助合作几大要素的基础上，将平均主义的分配方式逐步变革为按劳取酬，并以工分制的形式实施。尽管“评工记分”在整个社会主义合作化实践中存在各种缺陷，如生产效率问题，但这种集体分配形式仍是“合亩”制地区黎族农民所不陌生的，尤其是工分制带来的黎民为挣更多工分而积极劳动，也使得以亲属关系为核心而形成的生产组能够持续存在，这也是黎族社会互助合作传统得以延续的重要外部力量之一。

小　　结

20 世纪 50 年代到 80 年代，中国农村进行了长达二十几年的集体经济试验，而这场试验对于地处海南岛中部山区的黎族“合亩”制地区来说意义尤为重大。在这场集体化运动中，黎族地方社会接受了现代民族国家的洗礼，支撑黎族村落社会上百年历史的“合亩”制被社会主义集体所有制取代。同时，刀耕火种的耕作方式逐渐远去，取而代之的是以水田农业为核心的农业生态格局。

尽管在国家化的进程中，带有原始公有色彩的“合亩”制发生了劳动分工和分配方式上的重大变革，但我们看到黎民依附于土地而形成的互助合作关系并未发生改变，集体化运动过程中保留了“合亩”本身这一核心要素。甚至可以说，国家行政上对中部黎区推行的合作化运动，是基于黎族的“合亩”传统的，并在短期内得以实现。因此，当历史久远的“合亩”制村落面对以国家权力为代表的外部力量冲击时，黎民原有的社会组织和农业生产方式被改造，但“合亩”内部以土地为纽带形成的交换体系依然得以延续。这在很大程度上说明了黎族社会的“合亩”关系在这一时期具有应对外界变迁的能力，能够维系地方社会的运作与团结。那么当遭遇下一历史时段的变革力量，“合亩”制本身是否体现出某种不变的因素并依旧在黎民生活中有所显现呢?

第四章

联产承包以来的番茅黎村

20世纪80年代，在家庭联产承包责任制的影响下，番茅村启动了分田到户、山林地承包的农业生产方式。受村民水田人均占有面积较少的现实条件的制约以及海南全岛大力发展热带经济作物的政策的影响，番茅村的稻作种植逐渐退出农业生产核心地位，转向以橡胶、冬季蔬菜种植为核心的农业生产格局。在个体经济蓬勃发展的同时，为抵御各种经营风险，出现了“农民专业合作社”这种个体家户之间新的经济联合形式。本章将讨论面对国家化、市场化以及全球化浪潮，传统黎村怎样维持社会秩序的稳定，黎族“合亩”传统在当代是否延续，其内部得以延续的力量到底是什么。

第一节 当代农业生产新格局

一、联产承包初期的包产到“合亩”

党的十一届三中全会以后，中央开始贯彻放宽农业生产政策，恢复并适当扩大自留地，实行了各种形式的联产承包生产责任制，改革“政社合一”的体制，调整农业生产布局。1980年9月，中共中央印发了《关于进一步加强和完善农业生产责任制的几个问题》，认为包产到户“没有什么资本主义复辟的危险”。1981年10月，全国农村工作会议通过《全国农村工作会议纪要》，明确指出“目前实行的多种责任制，包括小段包工，定额计酬，专业承包，联产计酬，包产到户、到组，包干到户、到组都是社会主义集体经济的责任制。无论采取什么方式，只要群众不要求改变，就不要变动”。1984年，《关于农村工作的通知》指出：为了鼓励向土地增加投资，培养地力，实行集约经营，土地承包一般应在15年以上，生产周期长的开发性项目，如果树、林木、荒山、荒地承包期放长一些。

海南早在1978年冬就开始推行以联产计酬为特点的生产责任制。并在1981年9月《关于完善农业生产责任制若干问题的意见》中明确指出实行联产计酬的责任制，绝不能动摇集体所有制在农业中的主体地位，而是要在进一步完善生产关系下面保护和发展生产力。1981年年底，全岛普遍实行了以家庭联产承包责任制为主的多种形式责任制，促使农民向生产的深度和广度发展。

尽管较早出台了国家和海南省的相关政策，但“合亩”制地区联产承包的时间较晚，直到1983年年底到1984年年初才全部承包到组或到户。如，保亭县毛道乡“合亩”制地区1981年开始实行联产承包，当时全区26个生产队，只有3个生产队联产承包到组，4户包产到户，其余的仍为生产队统一派工，统一分配。①

在联产承包初期，“合亩”制地区仍带有较强的“合亩”时期色彩，其表现为承包组的计酬方式存在按人平均分配的情况，且承包组是以血缘关系为基础构成的。1985年，对“合亩”制地区的保亭县空茅村、乐东县八村、琼中县扎益村的联产承包情况的调查显示，3个村共29个承包组，有血缘关系的28个组，占承包组总数的97%，混合组1个，约占3%。其中父子组和兄弟组占很大比重。而且这一联产承包的亲属组常常存在“一户请客吃饭，全组不上工”，“一个劳动力生病全组都休息”等问题，严重影响生产效率。

番茅村在联产承包初期也出现了包产到“合亩”的情况。李甫春的调查表明，1982年番茅村包产的“组”是以血缘关系为单位的父子、兄弟组。在番茅村的11个组中，最大的生产组有10户，一般的生产组由3~5户组成，每一个组都以血缘关系为纽带。② 生产组承包的耕地

① 王保前：《海南黎族合亩制地区三项社会改革浅论》，《中南民族学院学报》1986年第3期，第114页。

② 李甫春：《广西社会科学专家文集·李甫春集》，线装书局2010年版，第232~234页。

和牛为组内共有，全组在父亲或长兄的带领下共同劳动。产品按人平均分配，自留的菜地由各户自行经营，收入归各户所有。至1987年，终因各种内部矛盾，这种承包制下的“合亩”瓦解了，农户转为以个体小家庭为生产和消费的单位，个体经济发展起来。

由此可见，“合亩”制地区的生产资料占有形式从原始公有，到合作社时期的集体所有、统一分配，再到20世纪80年代后期的农户自主经营，每一发展阶段无不受到地方社会人群互助合作的“合亩”传统的影响，甚至在联产承包初期仍有番茅村这种包产到“合亩”的情况发生。但是，随后的发展表明，促使黎族个体小家庭从集体的怀抱脱离出来的重要力量在于改革开放以来中国市场经济的发展。在这一背景下，80年代末90年代初，地处五指山中部的番茅黎村也走向了发展商品经济、实行多种经营的现代农业之路。

二、以橡胶为核心发展多种经营

1980年7月，国务院印发《海南问题座谈纪要》，将海南农业发展提到重要位置。《海南问题座谈纪要》提出，海南农业的发展除基本农田外，凡适宜种植橡胶的土地，应优先安排橡胶；不适宜植胶的土地，适当安排种植其他经济价值较高的热带作物。还提出“甘蔗、香茅起家，胡椒发家，橡胶当家，造林保家”的发展策略。

1983年，中央发布《加快海南岛开发建设问题讨论纪要》，再一次肯定海南的发展方向。文件指出，在保证粮食总产、单产稳定增长，不增加粮食调进的前提下，鼓励国营农场、农村社队和个人积极发展橡胶、咖啡、可可、展果、油棕、椰子、香料、水果、反季节瓜菜、南药等经济作物。

为贯彻中央发展海南的文件精神，1984年，海南行政区政府采取各种政策，鼓励农民搞开发性农业，多次强调“梳理疏通发展商品生产”的思路，使全岛的农业生产更进一步地由自给自足的自然经济向商品经济转化。

在这一时代背景下，海南中部山区进入了农村经济发展的新阶段。1986年，国务院批准在原通什镇的基础上扩大范围，成立通什市。1991年，通什市根据中央关于农业和农村工作的通知和海南省农村工作会议精神，制定家庭联产承包责任制的工作方案，明确规定土地承包方案及承包期限，这是番茅村农民土地承包的重要参照。方案要求：

> 对于水旱田，原未办理承包手续的要重新签订承包合同，承包期从1991年算起。对于坡地，各乡镇工作队要从本地区实际出发根据种植作物的性质确定承包期限，短期作物（如甘蔗、番薯等）承包期限可定5—10年；长期作物（如橡胶、胡椒、槟榔等）承包期限30—40年；林木可定10—15年；鱼塘可定3—5年。同时留出一定数量土地作为机动地，用于发展集体经济和作为今后调配备用地。①

相较于此承包方案，番茅村的土地承包启动得要更早一些。笔者在实际调查中了解到，番茅村第一轮土地承包始于1980年，当时主要是指水田承包。分田到户后，水田的人均占有面积约为1亩。旱田和坡地没有纳入承包，仍沿用传统上“谁种谁收”的方式。1997年，全村实施第二轮土地调整，被番茅农民称为“回轮”。此次全面丈量全村的坡园地、未开垦的荒地、荒山，并确定水旱田、坡地的承包期限为30年，承包时间至2027年止。

据统计，1997年新一轮土地调整至今，番茅村旱田面积约为30亩，水田的人均面积约为0.8亩，集体林地总面积2440.2亩。全村林地共确权发证321户，林地承包总面积2359.08亩，其中商品林面积1544.08亩，公益林面积815亩。在番茅村村民看来，分田到户后，水

① 五指山市冲山镇档案室资料。

田的人均占有面积较少，尤其是近年来随着村中人口的增加，“加人不加地，少人不少地”，靠水稻种植获得的收入难以支撑家庭的支出。因此，在新时期国家对海南农业发展政策的引导下，按照全岛大力发展热带经济作物的农业发展战略，番茅村依靠现有土地条件，一方面根据山林地特点，垦荒造林，积极推广以橡胶为核心的热带作物种植。另一方面则利用当地冬季气候资源优势，开发以冬季蔬菜为代表的热带绿色产业。

在 20 世纪 50 年代集体化时期，番茅村便开始引入橡胶种植，村民初步掌握了相应技术。到 90 年代中叶，随着政府对橡胶种植的大力扶持，并经常向农民传授橡胶种植、养护知识，全村的橡胶种植已逐步形成规模，同时很大程度上提高了出胶率。2006 年，番茅村 95 户有橡胶林，共定产橡胶 503. 9 亩，22060 株。橡胶开割面积 92 亩，干胶产量每年 4637 公斤。由于橡胶已成为海南的重要产业之一，对橡胶的收购也渐成规模。冲山镇设有多处橡胶回收点，并经常有人上门回收橡胶，为村民省去很多麻烦。在笔者调查期间，正是割胶季节，2011 年 7 月 1 日当日胶水的价格为每公斤 31 元。按村民的说法，两公婆和几个小孩可以在一个早上割 500 多棵橡胶，按这一价格计算，一个家庭的橡胶收入能有上千块。因此，橡胶已成为村民的重要收入来源。

另外，番茅村地处市郊的位置优势，加上海南特有的冬季气候资源，为冬季蔬菜种植创造了有利条件。目前，番茅村的反季蔬菜不仅供应当地城市居民，而且运往全国各地，作为冬季蔬菜市场的重要补充。

同时从全市近年来农业发展的情况也可看出，稻作生产的优势地位并不突出，热带经济作物的发展力度逐渐加大，这也成为番茅村农业生产格局变动的外部推动力量之一。据五指山市 2001—2004 年的数据统计，全市粮食生产增幅不明显，其中 2001 年和 2004 年分别减少 7. 3% 和 1. 8%，而瓜菜产量、热作物种植面积有显著增加，尤其是橡胶的干胶产量增长迅速（见图 4. 1）。

因此，自联产承包责任制推行以来，番茅村的农业生产再次经历

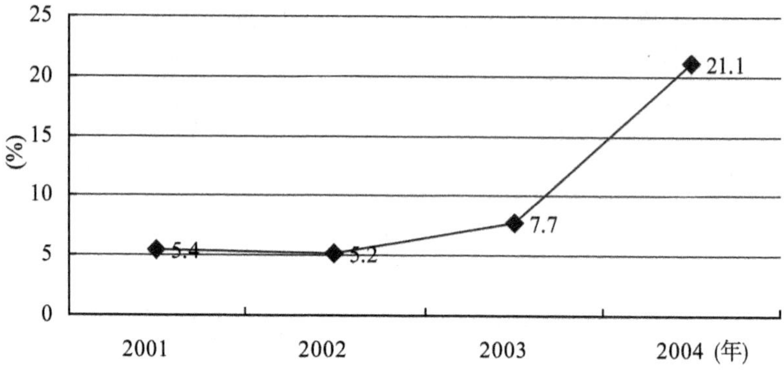

图 4.1 橡胶干胶产量增幅情况

资料来源：根据《五指山市统计年鉴（2002—2005 年）》绘制。

新的变动，从集体化时期以水田农业为核心的生计格局，转变为热带农业占据优势地位的现代农业发展阶段。尤其是 21 世纪初期，开始逐步形成以橡胶种植为热作产业的核心、辅以冬季蔬菜种植的农业生态格局。

此外，番茅村黎族社会历史较为久远，自古以来黎族先民除稻作生产外，还擅长采集、渔猎、织锦等多种生计方式。时至今日，除上山打猎不符合政府规定外，采集、织锦、捕鱼的生计方式仍延续下来，虽不再是黎民的核心生计来源，但也在村民生活中占据一定地位。如，番茅村背靠山林，黎民经常入山采摘野菜、野果和药材。人们将当地所产的树仔菜、四棱豆、鹿舌菜、雷公根等称为“五指山野菜”，由于其营养价值丰富已有一定知名度，受到城里人和外地游客的青睐。因此一些村民常上山挖野菜，除自家食用外，还会拿去市场出售，赚些额外收入。另外，黎族织锦也逐渐成为番茅村的特色产业。接下来本书将会介绍到，在村中两个织锦合作社的带动下，全村黎族妇女加入到织锦队伍，织锦现在也成为村民家庭收入的来源之一。

第二节 合作经营的出现

在20世纪80年代包产到户的经营体制下，番茅村人均水田面积减少，稻作生产退出核心地位，逐步转向以橡胶、冬季蔬菜种植为主的多元化农业发展之路。对村民来说，由于橡胶、蔬菜的耕作性质及规模，其播种、收割等环节尚在个体家庭的应对能力之内，再加上水稻收割已基本实现机械化操作，所以导致原有以家族内部互助为核心形成的农业生产协作逐渐退去，番茅村的农业生产呈现出个体小家庭经营的局面。但在副业生产上出现了村中家户之间新的联合。21世纪初期，在国家鼓励农村兴办专业合作社的背景下，番茅村陆续办起了养殖专业合作社、黎族织锦合作社以及黎村农家乐，尽管规模不大，但在新时期再一次体现出黎族社会互助协作的"合亩"传统。

早在20世纪80年代家庭联产承包责任制时期，海南行政区公署就发布文件肯定了在农村劳力大量剩余的情况下，农民为寻求资金、技术而形成的联合体，认为这是社会主义性质的新的集体，是发展商品生产的又一条路径。并要求各级政府加强领导，统一规划，从低收取行政管理费用，国营和供销社企业从技术、原料、销路等方面同它们挂钩，大力扶持。① 1991年9月，五指山市根据琼府［1990］82号文件精神，制定《经济合作社章程》，并规定，经济合作社要在国家计划指导下独立经营，完成国家下达的生产计划和征派购任务，并采取个体家庭承包合作社项目，以资金入股、利润分红的形式运作，但其资产和经济所有权归合作社所有。因此，此时的合作社带有很强的集体公有色彩，可以

① 海南行政区公署：《关于完善农业生产责任制若干问题的意见的通知》，琼字［1981］35号。

说是在原集体化时期生产队基础上进行的改革。

番茅村黎民的合作化经营始于 2007 年，由福建自然村妇女组长刘香兰（化名）发起，成立黎族织锦厂。刘香兰出生在冲山镇应示村的黎族农民家庭，13 岁便跟母亲学习织锦，15 岁就可以独立织锦。因个人爱好，在她嫁入番茅福建村后仍未放弃织锦，1998 年至 2005 年在镇上的文化康乐中心工作期间，仍做织锦工作。据她介绍，文化康乐中心主要以展示黎族文化为主，常接待很多游客，黎族织锦是重要的内容，在当时五指山的旅游项目中有一定影响力。刘香兰的织锦技艺高超，自 2001 年开始，在全市、全省的各种织锦比赛中多次获奖，受到各方赞许和肯定，在黎族姐妹中有一定威信。于是，2007 年，刘香兰带领本村 12 位黎族妇女加入织锦行列，租用村民小组面积 200 平方米的文化室，投资 30 万元，创建“五指山市黎族传统纺染织绣技艺传习所”。到 2011 年，全厂的固定工人由最初的 35 人增至 60 人，销售的黎锦产品近 2 万件，共接待前来参观织锦的中央、省以及外县的领导 5000 多人，反响强烈。不仅番茅村获得了“织锦第一村”的美誉，而且刘香兰于 2009 年 6 月被命名为“黎族传统纺染织绣技艺”国家级代表性传承人，该技艺被列为联合国首批急需保护的非物质文化遗产名录。

刘香兰创办的黎锦厂在实际运作中包括自产自销黎锦和黎锦传承两部分内容。一方面，本村妇女和临村黎族妇女利用农闲时节纺织壁挂、筒裙、桌席、靠垫、头巾、挂包等织锦产品，创立初期由刘香兰等人外出拉订单，按客人要求定期完成若干件黎锦产品，按件计工，扣除织线等成本后所得即为员工收入。随着产品销路拓展及纺织工艺的成熟，现在常有客人上门订购，省去一些麻烦。尽管织锦以黎族原始的腰织机为工具，只需藤腰带、腰力棍、木刀、拉经棍、竹梳、竹纬线针、整绒梳等器械，对黎族家庭来说成本较低，但这种黎族最原始的纺织技艺不易掌握，费时费神。笔者观察到，她们在织锦时席地而坐，腰上绑好藤腰带，用双脚踩着织机的经线木棍，右手握着纬线木刀，根据所织图案不同，用左手投纬引各色线，然后用木刀打紧纬线，再挑色线，经纬交替进行。由于长时间弓腰坐着，且挑线时要格外仔细，织锦妇女常感到腰、眼疲累，因此黎家的年轻妇女很少有人愿意学习这门技艺，黎锦如何代代传承也成为现实问题。

为此，番茅村的织锦厂创办的另一层意义在于黎锦的传习。目前织锦厂固定员工的平均年龄在40岁左右，年龄最大的60多岁，年龄最小的只有7岁，其中有一部分妇女是嫁入番茅村的，没有织锦基础。因为尽管织锦是黎族传统技艺，但多为老人掌握，年轻女孩并不熟练。此外村中也有些小孩子对织锦感兴趣，在妈妈织锦时也时常摆弄起来。因此，按刘香兰的说法，“希望通过办这样的织锦厂能教会村里更多的妇女织锦，还有些小孩子也能学会，让我们黎族的这门技艺能代代相传，同时也是增加大家收入的一个方法”。

目前，番茅村妇女的黎锦收入已成为家庭收入的主要来源之一。一个双面绣的普通靠垫收入为200元左右，如果不受其他事情影响的话，大概在一至两个星期内就可完成，据统计，全厂每年各式黎锦产品的销售量平均在1000件左右，收入金额达20万元。现阶段福建村的妇女除去个别年纪大的和外出打工的，都会来厂里一起织锦，如果需要照顾家庭而难以脱身的，一般会将黎锦带回家织，完成后带到厂里计件，或是当技艺上遇到难题时去厂里请教其他姐妹。

番茅村的织锦传习所一直受到五指山市政府和国家民族部门的重视和大力支持，曾下拨一定款项用于改善织锦厂的办公条件。笔者在番茅村调查期间见到的办公室是近年装修过的，里面安装有空调和电脑，角落里摆放若干风扇，内部也做了一定装饰。因此经常看到村民织锦累了，或是彻夜赶工时就会直接铺张席子在厂里休息，从她们言谈中间能感受到她们对工作条件的满足。笔者离开后又得知，织锦厂又申请到了联合国的项目基金支持，将会分批下拨一定款项用于打造更好的织锦环境。同时，为扩大五指山黎锦工艺的影响力，规范和扶持全市的织锦合作社，五指山市政府批准由番茅织锦传习所牵头，成立“五指山市黎锦文化发展协会”，对全市各乡镇不同规模的织锦厂实行统一管理。协会主要采取织锦户入会的形式，完成的黎锦产品不再按件取酬，而是将协会总收入分为两部分，总收入的80%作为农户劳动所得，提取其余20%作为协会的管理费用。据村民讲，织锦协会成立后就像公司一样运作，大家不用担心订单问题，会有专人负责。可见，番茅村乃至五指山市的黎锦产品将更为商业化，在村民和地方政府的共同努力下将走向更广阔的市场。

番茅村除黎锦织锦厂外，在2008年由刘香兰发起、组织7户村民成立了“番茅养殖专业合作社”。农民专业合作社于21世纪初开始兴起并得到全面发展。与以往合作社组织不同，它是在家庭承包经营的基础上，以农户为市场经营主体。由于农户的经营规模小，应对自然风险和市场风险的能力弱，因此政府鼓励若干农户联合起来抵御各种风险，这在农业现代化时期有利于实现“小农业与大市场”的对接，同时也是商品经济发展的必然结果。自2007年7月1日颁布实施《中华人民共和国农民专业合作社法》以来，海南省的农民专业合作社发展步伐加快。据海南省工商局统计，截至2009年年底，全省注册成立农民专业合作社2342家。入社社员48729人，社员出资总额18.02亿元，带动农户达25万户，占全省农户的26.5%。① 之所以出现农民专业合作社的发展热潮，很大原因在于合作社能够享有政府提供的资金和政策扶持。在这样的背景下，番茅村成立养猪专业合作社，刘香兰任社长。创社初期，投入资金总额13.5万元，分为13.5万股，每股1元。其中，刘香兰入股7万元（7万股），社员入股6.5万元（6.5万股）。合作社主要为社员提供生猪种苗、饲养管理技术等方面的服务，并以合作社名义申请各级财政支持。据了解，合作社成立以来共向五指山市财政局、农业局申请财政支持数十万元。笔者调查得知，养殖合作社采取各家自行饲养的方式，并不统一管理。由于合作社规

① 海南发展农民专业合作社：《转变农业发展方式》，南海网，http://www.hinews.cn，2010-6-7。

模较小，且7户都是本村村民，居住较近，因此合作社并不需要农民付出太多精力，社员之间互通信息也很及时，使得村民很容易接受这种合作化经营。

在此带动下，番茅村又有5户家庭成立“福民综合养殖鱼专业合作社”，发展立体养殖经济。2011年，在刘香兰的带领下，由本村村民和某公司共同入股，租用番茅村30多亩地，建设黎村农家乐休闲旅游项目，规划将番茅村的黎族织锦、农家乐等多种项目融合起来，发展黎族乡村旅游业，预计未来将番茅村打造为国内的旅游名村。在笔者离开后，村中朋友电话告知农家乐项目已经开始运作，番茅村的农家乐选址在番茅小学对面靠近公路的一块空地，距离村织锦厂不足30米，农家乐背后是一片广阔的农田，风景很好，很多客人在农家乐用餐后可以到村中观看织锦，或是在村中驻足。同时因距离市区较近，交通便利，极易配合全市的其他旅游项目。按照他们的规划，番茅村的黎族农家乐将以打造现代都市人体验农家生活，假日休闲为发展导向，吸引国内外游客，从而扩大番茅村影响力，带动村民致富。

综上，在实行家庭联产承包、分田到户之后，番茅村黎民家庭已成为自主经营、自由分配的市场主体，在商品经济大潮中积极利用自身优势谋求致富之路。我们看到，当稻作农业不再是农民的核心生计来源时，黎族传统上以“合亩”为单位共同耕作、集体收割的场景逐渐远去，这一支撑黎族社会百年历史的“合亩”文化在经济生产领域看似消失了，然而，番茅村副业生产上形成的新的联合又生动地证明，即使进入现代农业发展阶段，仍不能缺少黎民之间的互助与合作。尽管在农闲时节，村民也会外出找钱，但他们大部分会选择在市内或省内，据他们解释，这样可以在家中或家族中有事时可以及时返回，因为对番茅黎民来说，土地、亲缘关系是最重要的。

第三节 现代村落生活中的互助

改革开放以来，番茅村利用地处市郊的优势条件积极发展现代农业，黎民生活水平有了很大的提高。在20世纪90年代，全村较早进行了民房改造，现在村中大部分是平房，有一部分富裕家庭住上了两层楼房。由于村民有很强的亲缘观念，新房都会尽量建在附近，放眼望去，村中家家户户距离很近，房挨着房。

随着家庭收入的增加，加上地处市郊，番茅村受汉文化、现代城市生活的影响较深，黎族家庭的货币意识相对较强，收入首先会用来改善居住条件，添置家电，少部分家庭开始配有电脑，摩托车已经是家中必备的交通工具。同时，村民在生活习俗上也逐渐汉化，不仅很早就接受并非本民族的传统节日，如中秋、端午、清明等，而且不知不觉在年轻人的带动下开始过父亲节、母亲节、圣诞节。据村民讲，他们并不排斥这些“洋节”，在父亲节或母亲节当日，家人都会聚在一起吃餐饭，这也是增进家人感情的机会。

平日会购买手机、衣服等日用品，因此平时在村中几乎看不到有人穿黎族的传统服饰。妇女的黎族筒裙和头饰在有外宾进村考察时或者在去市区参加民族活动时会穿戴好，其余时候甚至在婚礼上也很少见到。

因此，个体小家庭已成为现代黎民生活的独立单位，子女教育、人际往来等都以黎族个体家庭为主体。但同时也会看到，传统“合亩”时期的家族意识仍在现代生活中有所体现，除日常生活中族内的互帮互助外，在仪式上仍能感受到整个家族凝聚的力量。笔者调查期间适逢水稻早造的收割时节，走在田间常看到有五六个人在一块田地共同忙碌着，因为水田面积不是很大，很快就完成了。村民说这种情形是很常见的，因为水稻早造收获时间在六七月间，五指山的降雨量较大，且天气变化莫测，人们要收割完赶在天晴时尽早完成脱粒，晾晒好储藏起来。但这些仅靠个体家庭之力一时间很难快速做完，尤其是现在很多家庭还同时种植橡胶等多种经济作物，因此村民往往在家族内部结成互助关系，各家户之间轮流帮忙。这种互助在他们看来也是理所当然的，劳动结束后大家也会聚在一起喝酒聊天，叙家常。此外，耕田时大量使用的小型犁耙田机器以及水稻收获后村民使用的脱粒机也不是每家都买的，因为使用频率不是很高，这时村民会以家族为单位，几户出钱共同购买，几家人共同使用。

除了农忙时家族内部的互助，在建房、生活中遇到困难或有家庭矛盾时，亲戚或村内兄弟之间都会彼此帮忙。当时黄丽蔡（化名）弟弟的房子在原来一层平房上续建第二层时，没有花钱雇工，而是叫来几个本村家族兄弟一起动手，花一个多月完成的，每天完工时都会准备酒菜作为酬谢。在他们看来，这是族里的事，大家都是很好的兄弟，没有必要给钱，而且以前建茅草房时也是这样帮工的，谁家有事都会互相帮忙。因此，日常生活中遇到这类的事情，村民首先寻求的是本族或结成姻亲关系的亲戚的帮助。按照当地族内禁婚的通婚规则，姻亲关系连接起来的往往是多个村，这也使得以亲缘为核心的黎族地方社会较为团结。

与此同时，在村落生活的重要仪式上，同族、同村亲戚同样为个体家庭提供强有力的保障，笔者于 2012 年 9 月参加了村中的一场婚礼后对此有深刻感受。新郎家住番茅行政村下的什分村，与黄丽蔡家族有表亲关系。当黄丽蔡在前一天告知将有一场黎族婚礼时笔者兴奋不已，本打算在第二天早早地与她一起随新郎家人去女方家接亲，因为从资料和村民讲述中得知，按传统黎族婚俗，男方家的迎亲队伍都是在结婚当日天未亮时就出发，新郎与同村的兄弟姐妹一同去接新娘。但我们随后被告知，这次接亲没有按传统办，只是新郎和几位族里的亲戚过去接，不是像以前接亲队伍有那么多人。因此，我们无缘观看男方在新娘家中接亲的场景，只好在早上 9 点左右过去新郎家中等候他们接回新娘。

从新房布置来看，新人婚后和公婆住在一起，在旧的平房基础上翻新后将一个房间留出来作为新房。我们到达的时候，院子里的人不多，大概 10 点钟过后陆续进入很多宾客。男方家提前在正对门口的院落支起防晒棚，一方面遮挡当时海南夏季的酷晒，另一方面主家在防晒棚下面摆好一张桌子，一位新郎家的女性亲戚坐在那里记录参加婚礼的宾客的名字及送来的贺礼。从礼单来看，记录下名字的宾客一般为男方家外村的亲戚或一些朋友，本村或本家族人随的礼一般不记录下来，他们解释说亲戚送来的礼不用记下来，都记在心里的。而送来的礼物与过去也有些差别，以往黎族的婚礼村民会带自家酿制的糯米酒和两三斤米作为贺礼，现在随礼也会带酒，但送糯米酒的很少，大部分人骑摩托车参加婚礼时会一同带来整箱啤酒。送米的村民也有，但往往是交情不那么深厚的宾客才会送，最常见的是随 20～50 元不等的礼份钱，极个别的随 100 元礼钱，还有少数宾客送日用品，如被子、风扇等。

中午 11 点左右，院子外面躁动起来，同时伴有鞭炮的响声，此时迎亲队伍已经回来，大家都涌向大门口。只见新郎新娘并未穿传统民族服饰，而是新郎穿西装、打领带，新娘穿白色婚纱，陪同新人的也没有像传统黎族婚礼那样有很多兄弟和姐妹团，而是与汉族相同，各有一位穿着礼服的伴郎和伴娘陪在身旁，对于不知情的人来说完全不会察觉到这是一场本地黎族婚礼。新人进大门口时在族中一位男性长者的指引下跨过火盆，据说这代表消灾祈福。随后他们被大家簇拥着穿过院子进入客厅，在供奉的祖先牌位的台前上香，并在口中念念有词，大意是说新郎今天娶了某村的谁谁为妻，二人将会好好过日子，请祖先保佑之类的话。拜完祖先后，新郎、新娘以及新娘的家人会在内间摆好的几张桌子上就坐。这时外面的宾客也开始落座，男方家陆续端上准备好的酒菜，酒席正式开始。

据笔者观察，酒席是提前已经准备好的冷菜和自家酿制的糯米酒，以猪、鸡、鸭、鱼肉为主，很少有蔬菜，盛菜的碟子、碗筷以及酒杯等都是一次性的。而酒席的整个操办，从菜的烹制、酿制的糯米酒到酒桌的摆放，都是家族亲戚、村民与男方家一同完成的。可以看到，与新郎家紧挨着居住的都是他的叔伯兄弟，他们提前在主屋的屋檐和院子的独立厨房之间拉上盖布，在盖布下方支起桌椅，摆好酒菜，一般院子能容纳四桌左右，酒席摆在哪个亲戚家中，相应的亲戚就代为招呼客人，好像自己家办喜事一样，没有分别。

在酒席的整个过程中，没有传统黎族婚俗的对歌，但黎族人天然的淳朴和热情在推杯换盏之间仍能让人感受到浓烈的喜庆气氛，坐在同一桌的亲戚好友以酒为媒介，聊得很是痛快。不多时，新郎与新娘在伴郎伴娘的陪同下逐桌敬酒，由伴郎和伴娘分别为新郎和新娘斟满小杯糯米酒，一般整桌宾客会共同起身、举杯，说些祝福新人的话语，同时还会从口袋里掏出几张 1 元的纸币放在伴娘放酒的托盘中间。当问及这其中的寓意时，村民只是笑着说这是宾客们对新人办酒席花费的一点补充，并不是黎族传统的习俗，至于何时出现的，大家都说不清楚。酒席进行 1 小时左右，客人们同主人陆续告别后离开，婚礼也同时结束了。

从整场婚礼来看，番茅村的这对年轻人已经有很强的现代观念，从服饰装扮到婚礼操办已经和当代都市青年的婚礼没什么差别了。而到来的宾客也没有如村中老一辈黎族人所讲的在婚礼上对歌、闹新人，因此现场气氛也没有如传统黎族婚礼那样热烈。唯一带有黎族地方文化色彩的是酒席的准备和摆放是族内亲戚与同村村民共同合作完成的，好似不分彼此地为婚礼张罗、安排。这种亲缘、地缘关系的互助一方面源于以前黎民生活较为困难，大家通过相互参与各自的仪式活动而获得饮食上的满足；另一方面是这类事情通常有很多“工”要完成，人们需要其他人帮忙来完成，在其他人有红白仪式时也会责无旁贷地提供帮助。因此，时至今日，在黎民生活的重要仪式场合，仍不能缺少同家族、同村人的协助，甚至有一些亲戚关系在笔者看来算是很疏远的，但他们仍会视为同族的事来参加。

小结

如果说集体化年代“合亩”内部的互助交换关系在黎族地方社会延续，相当程度上源于与国家在当时合作化运动所倡导的集体公有、共同劳动的理念相符合，那么改革开放以来，在以个体经济发展为主导的历史阶段，仍能出现农民专业合作社这种农户之间在经济生产领域新的联合，一种传统“合亩”文化在新时期的延续，很大程度上是由于外部市场力量的推动。黎族个体家庭需要联合起来抵御商品化时代的各种风险，加之国家政策的积极引导，使得黎民在现代经济和社会生活中仍表现出很强的以亲缘、地缘关系为核心的互助合作。

因此，与以往不同的是，这一历史时期“合亩”延续下来的要素不是人们对于土地的依附，而是人与人之间的互助交换关系，而这种“交换”存在的动力在于黎族社会内在的乡土逻辑、商品经济发展的现实需要以及国家政策的积极引导这三者的共同作用，这促使一个有着近百年历史的传统黎村从封闭走向开放，并积极应对经济全球化的浪潮。

第五章 结论与讨论

第一节　结　论

引发笔者思考和布局全篇的关键，在于理解“合亩”这种黎族传统社会原初的生产组织为何历经社会变迁而在当代黎民生活中仍有所显现，何种力量使其延续。为解决这个问题，笔者沿着以下路径展开：一是在以往调查材料和田野考察的基础上探讨“合亩”的本质；二是在此基础上找出贯穿黎族社会发展进程的“合亩”内部的延续性；三是试着对何种力量使其延续作出解释。本书的写作过程事实上围绕这三个方面展开。以下笔者将在前文基础上，对这些问题予以简要梳理。

一、“合亩”的本质

自20世纪中叶开始，学界对“合亩”制特征、性质等方面展开广泛讨论，使我们看到这种在黎民经济生产领域出现的组织形态有其复杂性，“合亩”的内部构成和生产资料占有方式也没有统一的模式，因此对“合亩”的性质难下定论。然而，如果我们不是将“合亩”纯粹地看作经济生产单位，而是看到这种合作生产关系已经延伸到黎民社会生活领域，成为一个整体社会范畴时，会看到“合亩”的本质及其与地方社会运作之间的关系。因此，正是在这样的思考起点下，本书依据以往黎族社会调查材料和笔者田野考察的补充，来探究“合亩”的本质问题。

首先，在本研究看来，纵然“合亩”内部的人群组织出现由亲属关系为主体，发展到后面混合一般外来户，或加入如“龙仔”类的特殊外来户等多种形式，在生产资料的占有上也分为“合亩”所有、几户所有以及一户独有等几种情况，但唯一不变的组织原则是土地，各种关系的人群都是基于对土地的依附而联结起来，进而参与到土地的集体生产和统一分配，以解决那个时代下黎族个体的生计来源问题。在因“合亩”内人口增加或其他因素而发生分亩、退亩的情况时，同样基于对土地的占有，人们可以另外组成新的“合亩”，保证再生产的延续。因此，对于“合亩”组织来说，土地是最重要的原则和出发点，血缘、亲属关系显得并不那么重要。

其次，紧紧依靠土地，各种关系的人群结成生产单位的目的在于以集体之力克服当时生产资料匮乏、生产水平低下的现实问题。人们通过在“合亩”中结成一种劳务交换关系实现资源共享，互惠互利，如当地民众所说的“合亩中一人生病，其他人还可以照样出工，不会影响生产”。同时，这种交换不仅限于生产合群的意义，在人生的重要仪式及日常生活中，黎民仍是以此方式实现个体和社会再生产。因此我们透过“合亩”内部在经济生产和社会生活层面的交换关系，可以了解到整个黎族社会的结群和运作逻辑，这样对“合亩”本质和意义的认识也不再受意识形态的影响，而限于马克思主义社会发展阶段论的角度。

二、“合亩”的历史延续

通过分析本书指出，在王朝国家时代，黎民以土地为固有原则，形成一种本质上是交换关系的“合亩”组织，表现出集体劳动、统一分配的特征，同时“合亩”关系具有整合和维系社群内部团结的意义与力量，构建起黎族村落社会最初的形态。自宋代开始，黎族社会处于封建王朝势力的渗透之下，后又被纳入海外贸易体系之中，这些外部挑战尽管一定程度上影响到中部黎族地区的社会发展，但始终未触动以土地为核心的“合亩”社会的运作逻辑，使我们在中华人民共和国成立之初的黎族社会仍然能看到“合亩”制的存在。

20 世纪中叶，国家以强大的政治力量对中国农村从经济基础到组织模式进行改造，这场长达二十几年的集体经济试验使黎族农民的生产和生活处于高度集体化状态。在这一历史阶段我们看到，国家行政上以保留和提高黎族社会原有“合亩”组织为方针，较容易地实现了中部黎区的土地改革，成功建立起农村合作社。农村合作社这种新型的集体也被黎民称为“合大亩”。当我们检视黎族传统“合亩”制遭遇的变革时，会发现其中的土地依附原则和互助合作关系得以保留，变革之处在于原“合亩”时期的平均分配方式变为合作社时期的按劳计酬，并以工分制为具体表现。因此，黎族村落社会在经历近代国家化的过程中，生产领域形成以水田农业为核心的农业生态格局，社会生活层面也打上了国家意识形态的烙印，但作为黎族社会自有逻辑的“合亩”关系仍在现实生活中延续。

20 世纪 80 年代，中部“合亩”制地区告别了集体化时代。受推行联产承包责任制和发展全岛热作农业的国家战略影响，黎族个体家庭开始作为经营主体参与市场竞争。至 90 年代末，黎村进行新一轮的土地调整，使得稻作生产以往居于生计模式中的核心地位开始丧失，黎民发展起以经济作物种植为核心的多种经营模式。这一时期，传统“合亩”组织内部发生了改变，原有的对土地的依附和分配原则已不存在，保存下来的是“合亩”内部人群之间的互助交换关系，这具体体现为我们在田野中观察到的黎民在副业生产上形成的各种“农民专业合作社”以及当代黎民生活中的各种互助。我们看到，面对商品经济时代的各种风险，个体黎民仍延续原“合亩”时代的交换关系，应对经济生产和社会生活中的各种挑战。

综上，本书以各种材料呈现出黎族传统“合亩”制除了生产合群的意义之外，还承载着社会整合与再生产的多重文化意义。同时尽管历经社会变迁，“合亩”内部的互助交换关系仍然延续，并发挥着结群与维持社会秩序的作用。

三、“合亩”得以延续的力量

本书主体部分呈现出黎村在不同历史时期“合亩”的各种形态，同时也揭示出促使这一以集体为单位的互助合作关系能够延续下去的动力。封建王权时代，由于岛内道路险阻和地方土酋势力强大，居于山区的黎族社会受王朝统治较少，在很长一段时期是完全自治的，“合亩”制成为支撑黎族地方社会的重要力量，从农业生产到黎民的日常生活，逐步形成了本民族、本地域社会自有的治理模式。

黎族“合亩”制地区在1950年之后，经历了“清匪反霸，退租退押”的土地改革运动，“合亩”原初的组织关系开始处于新兴国家政权的调整之下。随着集体化运动的开展，传统黎村陆续经历了合作社、公社化等发展阶段，集体化程度也随之加深。但这场以集体公有、共同劳动、按劳分配为指导的运动对中部“合亩”地区的黎村来说并不陌生，因为它同传统“合亩”依附于土地而形成的互助交换关系在本质上是契合的，甚至可以说国家行政基于黎族“合亩”传统而较容易地实现了黎区的合作化。这场运动的变动之处在于改革了“合亩”内部的管理和分配机制，但群体之间在劳动和生活上的互助交换关系得以保留。

如果说“合亩”关系之所以形成与延续，是因为黎族社会的固有传统与国家行政的力量，那么20世纪80年代发展至今，在当代黎民生活中仍能看到“合亩”的痕迹，便是黎族社会传统、国家政策加之市场经济三者共同作用的结果。受国家各种农业优惠政策的引导，黎民在副业上以成立专业合作社的形式，联合起来抵御市场化进程中的各种风险，“合亩”本质上的交换关系也在延续。同时，在村落生活领域，黎民个体在人生仪式和日常生活中仍不能缺少同族、同村人之间的劳务交换与合作，而这种对亲缘、地缘关系的重视来自于黎族社会的传统。

第二节 讨论与不足

正如本书开篇提到的，区域研究始终是人类学认识中国本土社会的有效路径，本书以个案形式呈现中国热带岛屿族群的文化形态和社会运作逻辑，其目的也是以田野经验补充人们对这一区域社会的认知，从而为我们整体性地了解当代处于世界体系风云变幻背景下的中国社会提供材料积累。与此同时，通过经验现象，能够对已有的理论加以验证或作出反思，也是这门学科倡导经验研究所追求的理论价值。为此，本书将从前述的田野工作出发，对人类学知识脉络下所讨论的岛屿族群家社会结构作出简单回应，同时加入到对地方社会大小传统的反思之中。

一、对岛屿族群家社会建构模式的回应

20 世纪 80 年代，Errington 将岛屿东南亚家屋社会的建构模式划分为“中心型”与“交换型”两种类型，一方面推进了人类学理论流派中以亲属为基础的社会建构研究，另一方面激发了以何翠萍为代表的一批人类学者的研究热忱，他们将其运用于地处中国边陲的西南族群的人观与社会性建构的研究中，随之呈现出具有一定分量的、立足西南区域的人类学研究，为我们了解西南区域社会的建构以及如何受各种力量的影响而形成区域社会的过程提供了新的知识积累。与此研究范式相对照，本研究也在一定意义上为对岛屿族群的婚姻与其社会建构之间的关系的认知提供了田野经验，特别是黎族在族源、语系上与西南和台湾地区某些原住族群有相近之处，这为同处于中国边陲的区域社会研究提供了比较与对话的可能。

首先，在“合亩”制地区黎族社会的结群过程中，姻缘关系与父

系血缘关系占据同样重要的地位，两个婚姻集团之间的交换与互动始终影响着黎族地方社群的团结与稳定。其次，黎族社会的文化认知明确地将个体从性别上进行区分或界定，并在具体社会生活中有了“男人干的工”和“女人干的工”这种文化上的建构。更为突出的是，即使通过婚姻的缔结男女两性实现了家的统合，但仍借由观念与仪式上的分隔极力造成“己”与“异己”的区分。如，黎族在观念上强调婚后男女双方仍属于各自的血缘集团；在道公主持的各种驱鬼仪式上，要念女方家族祖先鬼的名字，甚至在女人去世后仍葬在女方家的墓地上，等等。这些都体现出中国热带岛屿高地黎族在家社会建构上“同中求异”的逻辑，即在结群策略上是一种 Errington 提出的与东印度岛群相似的“中心二分型”的“交换”的理想。因此，在本书看来，我们可以认为这种适用于中国西南族群研究的理论范式，在探讨黎族人观与社会建构逻辑时同样有其重要意义，而本研究的田野经验也期望在此方面作出粗浅尝试。当然，这一分析过程需要更为细致的田野观察和材料呈现，而这也是笔者今后努力的方向。

二、对大小传统二元分析框架的再思考

美国人类学家罗伯特·芮德菲尔德（Robert Redfield）在 1956 年研究墨西哥乡村社会时，开创性地提出大传统（Great Tradition）与小传统（Little Tradition）概念，用以说明在复杂社会中存在的两种不同层次的文化传统。按照他的解释，“大传统”是一种以城市精英文化为代表的文化体系，“小传统”则是散布于村落中的普通民众所代表的生活文化。由于他的分析过于强调大小传统之间的差异性与对立，曾在学界引起广泛争论，并受到后续学者的持续性批评，如李亦园、王铭铭等学者曾提出“大传统”与“小传统”之间并不总是前者吞噬后者，二者往往存在错综复杂的关系。

本研究所提供的中国本土社会经验，事实上也在说明大小传统所代

表的文化体系并非截然分开的，不仅彼此之间的关系非常微妙，而且是相互融合的。在村落社会的历史变迁中，我们看到这种以“合亩”为代表的黎族社会小传统并没有因国家精英文化的大传统的介入而消失，而是在中华人民共和国成立之初的合作化运动中及改革开放后，与国家意识形态进行互动与碰撞，经过彼此的调适，在社会生活行政化的过程中依然维持自身的乡土社会传统，使我们在当代黎民生活中仍能感受到这一“合亩”传统的力量。因此，番茅村的个案研究再次表明，当遭遇国家化、市场化和全球化时，地方村落社会结构并未崩溃，而是在原有文化传统和社会运作模式的共同作用下具有应对外界社会变化的能力，以“合亩”为代表的地方社会小传统与代表国家意识形态的大传统彼此影响，共同塑造村落文化。

在本书看来，雷氏的文化类型说在一定意义上提示我们去关注复杂社会内部存在着的不同层次的文化体系，但在具体分析上，它并非一种简单的文化分层的分析工具，尤其是对于有着深厚历史文化积淀且处于变动之中的中国社会。人类学的区域研究要将其置于一个动态的历史过程中，以田野材料揭示出大小文化传统之间的互动，由此呈现出中国本土文化的复杂性与多样性。

三、本研究的不足之处

首先，本书希望以黎族“合亩”制研究为主题，完整地呈现一个黎族村落的社会结构，以及在历史变迁背景下地方社会运作逻辑的延续，以此来回应以往黎族研究对“合亩”制所具有的文化意义、社会结群意义以及维持社会再生产意义的忽视。同时笔者也试图表明，偏居一隅的海岛少数族群在国家化、市场化乃至全球化进程中，并非被动接受外部力量的改造，在积极应对社会变迁的同时，也保持着本民族、本地域社会的固有逻辑与文化传统。这一研究抱负是笔者从选题到田野考察再到全文撰写一直想努力实现的，但囿于“合亩”制本身对村民来说已成为久远的记忆，亲历当时社会生活的老人已多数不在，因此，从当地民众口中获取 1950 年前“合亩”制时期村落社会情况的设想受到一定制约。同时，由于黎族早期社会只有语言而没有文字，所以难以从地方志、族谱、碑刻等史料去考证当时的社会状况，这对田野材料的获取提出了挑战。因此，本书在一些章节的分析上倚重二手资料，同时兼顾考察与田野点共享同一文化圈的其他黎族村落。笔者试图通过整合各方面材料，做到在论证上有说服力，然而，综观全文，笔者还是有种心有余而力不足的感觉，对材料的全面把握与深度挖掘仍显欠缺。

其次，人类学田野研究始终倡导对当地族群语言的掌握，这是因为语言本身承载了地方文化，尤其是对于相对封闭的中部黎族社会，熟知地方语言，不仅为融入村落生活带来更多的便利，更重要的是能够对黎族地方性知识进行深刻理解，理解当地人的行为意义，实现对黎族文化的准确体认。然而，很遗憾的是，笔者一直没有学会杞黎方言，在田野作业期间无法与当地黎民直接沟通，不得不靠田野报道人的二次翻译，这在很大程度上限制了对当地文化的理解与诠释，没有很好地观照到黎民个体的心理和主观体验，对当地人历史主体性的呈现仍显不足。

参考文献

地方史志：

小叶田淳著，中国科学院广东民族研究所译：《海南岛史》，广东民族研究所油印本1964年版。

海南省地方志办公室：《海南省志·民族志》，南海出版公司2006年版。

五指山市地方志编纂委员会：《通什市志》，方志出版社2009年版。

研究报告：

中南民族学院：《海南黎族情况调查·第一分册："合亩"制地区》，内部参考，1955年。

中南民族学院：《海南黎族情况调查·第二分册："俸"黎地区》，内部参考，1956年。

中南民族学院：《海南黎族情况调查·第三分册："杞"黎地区》，内部参考，1956年。

中南民族学院：《海南黎族情况调查·第四分册："本地"黎、"美孚"黎、"加茂"黎地区》，内部参考，1956年。

广东少数民族社会历史调查情况组：《保亭县毛道乡黎族合亩社会调查报告（初稿）》，1957年。

广东少数民族社会历史调查情况组：《保亭县毛道乡黎族合亩制调查综合报告》，1957年。

广东少数民族社会历史调查情况组：《海南黎族社会历史情况调查资料·第二分册：番阳乡、毛贵乡黎族合亩制调查》，1958年。

广东少数民族社会历史情况调查组：《海南黎族社会历史情况调查资料·第三分册：保亭县什玲等乡黎族社会经济调查》，1963年。

广东少数民族社会历史情况调查组：《海南黎族社会历史情况调查资料·第四分册：黎族合亩制调查综合资料》，1958年。

中文著作：

黄强：《五指山问黎记》，香港“商务印书馆”1928年版。

刘成：《海南黎族人纹身研究》，南京中山文化教育馆，1936年。

史图博：《海南岛民族志》，中国科学院广东民族研究所，1964年。

徐仑：《什么是原始社会》，上海人民出版社1953年版。

林天蔚：《宋代香药贸易史稿》，香港“中国学社”，1960年。

吕振羽：《史前期中国社会研究》，三联书店1962年版。

中元秀：《黎族人民领袖王国兴》，民族出版社1981年版。

刘耀荃：《黎族历史纪年辑要》，广东省民族研究所，1982年。

刘耀荃：《海南岛黎族的住宅建筑》，广东省民族研究所，1982年。

黎族简史课题组：《黎族简史》，广东人民出版社1982年版。

詹慈：《黎族合亩制论文集》，广东省民族研究所，1983年。

广东省编辑组：《黎族社会历史调查》，民族出版社1986年版。

司徒尚纪：《海南岛历史上土地开发研究》，海南人民出版社1987年版。

刑关英：《黎族》，民族出版社1990年版。

中南民族学院编辑组：《海南岛黎族社会调查（上下卷）》，广西民族出版社 1992 年版。

符合积：《黎族史料专辑》第七辑，南海出版公司 1993 年版。

卓其德：《美满的歌：黎族歌谣集》，海南出版社 1993 年版。

王月圣：《黎族创世纪歌》，三环出版社 1994 年版。

陈立浩：《黎族“合亩制”研究》，南海出版公司 1994 年版。

陈立浩：《历史的跨越——黎族合亩制地区的变革》，南海出版公司 1999 年版。

吴永章：《黎族史》，广东人民出版社 1997 年版。

吕大吉、何耀华：《中国各民族原始宗教资料集成（土家族卷·瑶族卷·壮族卷·黎族卷）》，中国社会科学出版社 1998 年版。

杨权等：《侗、水、毛南、仫佬、黎族文化志》，上海人民出版社 1998 年版。

程昭星、邢诒孔：《黎族人民斗争史》，民族出版社 1999 年版。

王文华：《黎族音乐史》，南海出版公司 2001 年版。

洪寿祥、蔡於良：《黎族织贝珍品·龙被艺术》，海南出版社 2003 年版。

李旭：《在五指山南麓：黎族》，云南人民出版社 2003 年版。

李露露：《热带雨林的开拓者：海南黎族调查纪实》，云南人民出版社 2003 年版。

曾昭璇、张永钊、曾宪珊：《海南黎族人类学考察》，华南师范大学，2004 年。

张跃、周大鸣：《黎族（海南五指山福关村调查）——中国民族村寨调查丛书》，云南大学出版社 2004 年版。

王海、江冰：《从远古走向现代——黎族文化与黎族文学》，华南理工大学出版社 2004 年版。

王学萍：《中国黎族》，民族出版社 2004 年版。

冈田谦、尾高邦雄著，金山等译：《黎族三峒调查》，民族出版社

2009年版。

马塞尔·莫斯著，汲喆译：《礼物》，上海人民出版社2002年版。

马歇尔·萨林斯著，赵丙祥译：《文化与实践理性》，上海人民出版社2002年版。

莫里斯·弗里德曼著，刘晓春译：《中国东南的宗族组织》，上海人民出版社2000年版。

爱弥尔·涂尔干著，渠东泽：《宗教生活的基本形式》，上海人民出版社1999年版。

克利福德·格尔兹著，纳日碧力戈等译：《文化的解释》，上海人民出版社1999年版。

费孝通：《江村经济——中国农民的生活》，商务印书馆2005年版。

费孝通：《乡土中国　生育制度》，北京大学出版社2001年版。

杜赞奇著，王福明译：《文化、权力与国家》，江苏人民出版社2003年版。

阎云翔著，李放春、刘瑜译：《礼物的流动》，上海人民出版社2000年版。

施坚雅著，史建云、徐秀丽等译：《中国农村的市场和社会结构》，中国社会科学出版社1998年版。

贺喜：《亦神亦祖——粤西南信仰构建的社会史》，三联书店2011年版。

科大卫著，卜永坚译：《皇帝与祖宗——华南的国家与宗族》，江苏人民出版社2009年版。

王铭铭：《社会人类学与中国研究》，广西师范大学出版社2005年版。

张江华、张佩国：《区域文化与地方社会——区域社会与文化类型国际学术研讨会论文集》，学林出版社2002年版。

罗伯特·芮德菲尔德著，王莹译：《农民社会与文化：人类学对文明的一种诠释》，中国社会科学出版社 2013 年版。

期刊论文：

刘咸：《海南黎人纹身之研究》，《民族学研究集刊》1936 年第 5 期。

江应梁：《历代治黎与开化海南黎苗之研究》，《新亚细亚》（十三卷）1937 年第 4 期。

罗香林：《海南黎人源出越族考》，《青年中国季刊》1939 年创刊号。

刘咸：《海南黎族起源之初步探讨》，《西南民族研究》1940 年第 1 期。

王兴瑞：《历代治黎政策检讨》，《珠海学报》1948 年第 5 期。

梁钊韬：《海南岛黎族社会史初步研究》，《中山大学学报》（社会科学版）1955 年第 1 期，第 93 页。

张鸿林、廖仪珍：《“合亩制”对农业合作化是有利条件吗?》，《光明日报》，1956 年 10 月 26 日。

蔡仲淑、陶明、胡盛域：《合亩制地区社会主义改造的特点》，《光明日报》，1956 年 12 月 28 日。

岑家梧：《海南岛黎族合亩制的调查研究》，《光明日报》，1957 年 4 月 12 日、19 日。

张迅：《关于黎族“合亩制”的基本特征及其性质问题》，《理论与实践》1958 年第 4 期，第 75 页。

詹慈、林晓：《论黎族合亩制的社会性质》，《理论与实践》1958 年第 12 期，第 40 页。

王穗琼：《黎族合亩制生产资料所有制性质的研究》，《学术研究》1964 年第 2 期，第 82 页。

杨鹤书：《论海南岛黎族合亩制的起源、发展及其性质》，《中山大学学报》1983 年第 3 期，第 50 页。

詹慈：《黎族原始宗教浅析》，《岭南文史》1983 年第 1 期，第 112 页。

刘达成：《关于我国一些少数民族父系家族公社的比较研究》，《思想战线》1985 年第 2 期，第 68 页。

易谋远：《试论解放前黎族合亩制的社会性质》，《民族学研究》1985 年第 1 期，第 60 页。

中南民族学院民族研究所：《试论解放前黎族合亩制地区的社会形态》，《民族学研究》1985 年第 1 期，第 4 页。

张寿祺：《解放前黎族合亩区农耕组织及其礼俗》，《中国农史》1985 年第 4 期，第 48 页。

陈克进：《黎族合亩制性质试析——兼谈私有制的产生和发展》，《思想战线》1985 年第 3 期，第 28 页。

许良国：《黎族“合亩制”与父系家庭公社》，《中央民族大学学报》1985 年第 3 期，第 37 页。

杨鹤书：《黎族某些地区原始婚姻遗俗之我见》，《广西民族研究》1985 年第 2 期，第 74 页。

陈振魁：《对黎族合亩制地区普及初等教育的一些设想》，《中南民族大学学报》1985 年第 4 期。

王保前：《海南黎族合亩制地区三项社会改革浅论》，《中南民族学院学报》1986 年第 3 期，第 112 页。

孔季丰：《运用唯物辩证法剖析黎族合亩制若干问题》，《广东民族学院学报》（社会科学版）1987 年第 1 期，第 5 页。

黄新美：《黎族合亩地区黎族近四十年来体质变化的探讨》，《中山大学学报》1988 年第 2 期，第 80 页。

梁天送、谢剑：《论海南岛黎族合亩制度的衰落》，《云南社会科学》1988 年第 2 期，第 75 页。

张寿祺：《游耕农业“点种”男女分工起源考》，《农业考古》1989

年第2期，第335页。

孙秋云：《从人类学观点看海南黎族来源的土著说》，《中央民族学院学报》1991年第3期。

邢多兴、林保昌、陈立浩：《深刻的变革——黎族原“合亩制”地区的民房变迁》，《琼州学院学报》1998年第2期，第69页。

符和积：《黎族女子“不落夫家”婚俗浅析》，《社会科学战线》1988年第2期，第321页。

黄学魁：《黎族服饰内涵透视》，《琼州大学学报》2000年第4期，第67页。

琼州大学课题组：《坚持运用邓小平理论不断变革传统的思维方式——黎族原“合亩制”地区的调查》，《琼州大学学报》2000年第3期，第1页。

何翠萍：《人、家屋与阶序：从中国西南几个族群的例子谈起》，云贵高原的亲属与经济讨论会，2000年。

黎雄峰：《在现实中追忆——寻访海南黎族原“合亩制”地区最后一位亩头王其川》，《琼州大学学报》2004年第4期，第36页。

萧凤霞：《廿载华南研究之旅》，《华南研究会论文集》，香港文化创造出版社2004年版。

贺喜：《编户齐民与身份认同——明前期海南里甲制度的推行与地方社会之转变》，《中国社会科学》2006年第3期，第184页。

郭立新：《折冲于生命事实和攀附求同之间——广西龙脊壮人家屋逻辑探究》，《历史人类学学刊（第六卷）》，2008年。

郭立新：《劳动合作、仪礼交换与社会结群——广西龙脊壮族村落的社群结构分析》，《社会》2009年第6期，第148页。

高和曦：《黎族合亩制地区的文化变迁及其发展》，《新东方》2009年第3期，第29页。

硕博学位论文：

邓敏锐：《明清海南岛海外贸易研究》，暨南大学，2005 年。

王洪波：《造型・生态・符号》，中央民族大学，2009 年。

陈纬华：《灵力经济与社会再生产》，台湾“清华大学”人类学研究所，2004 年。

张峻：《黎村的生计、互助与家庭》，中山大学，2009 年。

李利：《海南毛感高地黎族的情感研究》，上海大学，2011 年。

外文文献：

Jane Monning Atkinson and Shelly Errington, *Power and Difference*, California: Stanford University Press, 1990.

James L. Watson and Evelyn S. Rawsk, *Death Ritual in Late Imperial and Modern China*, Berkeley: University of California Press, 1988.

LiuXin, *In One's Own Shadow: An Ethnographic Account of Post-Reform Rural China*, Berkeley: University of California Press, 2000.

Helen F. Siu, *Agents and Victims in South China*, New haven: Yale University Press, 1989.

Robert Redfield, *Peasant Society and Culture*, Chicago: University of Chicago Press, 1969.

Olga Lang, *Chinese Family and Society*, New Haven: Yale University Press, 1946.